真水无香

——“双减”视域下学校教育实践与探索

● 黄冰凌　主编

辽宁师范大学出版社
·大　连·

图书在版编目(CIP)数据

真水无香：“双减”视域下学校教育实践与探索 / 黄冰凌主编. -- 大连：辽宁师范大学出版社，2024. 9.
ISBN 978-7-5652-4471-1

Ⅰ. G4

中国国家版本馆 CIP 数据核字第 202486TA15 号

ZHENSHUI WUXIANG ："SHUANGJIAN" SHIYU XIA XUEXIAO JIAOYU SHIJIAN YU TANSUO

真水无香：“双减”视域下学校教育实践与探索

责任编辑：于志杰
责任校对：侯景芳
装帧设计：方力颖

出 版 者：辽宁师范大学出版社
地　　址：大连市黄河路 850 号
网　　址：http://www.lnnup.net
http://www.press.lnnu.edu.cn
邮　　编：116029
营销电话：(0411)82159126　82159220
印 刷 者：大连图腾彩色印刷有限公司
发 行 者：辽宁师范大学出版社

幅面尺寸：170mm×230mm
印　　张：12
字　　数：208 千字

出版时间：2024 年 9 月第 1 版
印刷时间：2024 年 9 月第 1 次印刷
书　　号：ISBN 978-7-5652-4471-1

定　　价：32.00 元

序

我依稀记得数十年前的那个九月，当我踏进教室的一瞬间才真正地意识到：手中即便拿的是课本，但角色已转变成老师，自己已不再是学生了。这种转换不仅在彼此的站位中，也在这几十平方米空间里"寡"与"众"的对比上。有哪一个"小老师"不是在这样的"寡不敌众"的情形下略显局促，但仍努力踏上证明自我的奋斗之路呢？

如何自证？唯有时刻准备、常常思考、不断更新、踏实积累。人生的意义永远在于向目标进发的过程，而不在于最终是否能够拔得头筹。在这本集子中，我们将会看到很多份生活记录，它们是我众多教育同仁的成长经历、工作思考以及高光时刻的切片。抛开职业特色，你就会发现他们和其他社会上的优秀一员一样，在默默耕耘中书写着时间的波澜壮阔，是没有离奇遭遇的奥德赛，是无需背景音乐的大史诗，但不乏扣人心弦的性味，因为那不仅是他们的故事，也是我们的故事。

我想，每一个充满理想主义的"小老师"终将逐渐长成沉着乐观的"大先生"，在这样的求索之路中，不断修正轨迹，同时照亮前路与行人。我并不想再把老师这个职业比作蜡烛，因为成就自我的同时又正向地影响别人也不失为一件人间美事。这些平凡而又充满细节的真实故事正是这样的啊！

把时间推回到比那个数十年前九月更早的一个九月，那时我还是一名学生，对世界充满好奇，对知识抱有敬畏，走在清晨的校园充满甘甜气息的小路上，步履轻盈，清澈透明，就像身旁的同学一样。谁在一生中没当过学生呢？谁又不是一直作为学生呢？不在那方寸课室内，就在这广大的世界里。在肉身与精神的自洽和解与携手并进里，我们必会穿过一道道门墙，最终完成属于自己的长征。

掩卷遐思，幸哉！乐哉！是为序。

目　录

源头活水

——我和我的课堂

许你一间平凡的斗室，授你点滴若丝的智慧。
用经年累月来编织，以永不止息去延续。
幽谷出瘦溪，归海自浩瀚。

双向奔赴的成长,遇见更好的自己

近些年随着短视频的流行,很多“别人家的物理老师”火爆全网。利用特斯拉线圈自制“雷电法杖”,空口碎酒杯,自制留声机,设计飞天水火箭,隔空打易拉罐……物理老师们像魔术师一样,巧妙地利用实验将抽象的物理原理呈现得淋漓尽致。受到物理“大咖”们的启发,我也开始实践起来,对生活中一些小物件进行再创造,变为课堂教具。“分不开的书”“筷子提米”“浇不灭的蜡烛”“悬浮术”“静电章鱼”……一个个有趣的实验让原本稍显枯燥的物理课堂,充满了欢声笑语。学生们学习的主动性越来越高,回答问题的积极性也越来越强,就连平时交作业的“困难户”都会下课围过来和我探讨问题,主动拿作业找我批改。看着更多的学生爱上物理,我也成就感满满,内心充满力量。

物理不仅有趣,更蕴含丰富的人生哲理。尤其在“双减”政策的指导和启发下,为落实我校全学科全方面育人要求,在物理课堂上我会抓住适当的切入点对学生进行德育教育,不但丰富了物理课堂,还能使抽象的物理原理贴近生活,融入人生,给予学生心灵的震撼和启迪。在总结平面镜成像特点时,我对同学们说,“人无法真正看清自己,即便在镜子中看到的自己也不是真实的(虚像)。因此,人都要虚心接受别人的评价与意见,不断改进自己。”在讲解热传递的方向时,为了使学生明确热量总是从温度高的物体传向温度低的物体,而与内能大小无关时,我告诉他们:“热水哪怕只有一滴,也要把自己的能量传给周围。我们一个人的力量虽然有限,但也要尽力伸出双手,让这个世界更美好。”初三物理教学中,有一个物理概念叫作“比热容”,学生们很难理解,因此我在最后总结升华的时候将比热容与人的胸怀进行类比:“胸怀越宽广的人,包容万物的能力就越强,这类人处事不惊,情绪的波动并不大,更多的是去思考解决问题的办法,能真正做到不以物喜,不以己悲。就像水,它是自然界常见物质中比热容最大的,与等质量的其他物质相比,当吸收或放出相同的热量时,它的温度变化是最小的。所以才有‘海纳百川,有容乃大’的说法!”当我说出这番话的时候,同学们的眼睛都放着光芒,有的会意一笑,有的连连点头,有的不禁发出感叹——“哦,原来如此!”没想到这么晦涩难懂的概念经过这样一番讲解后有了点石成金的效果,我也不由得欣慰感动。

要上好一节物理课其实很简单。走进课堂的瞬间,同学们便被一股魔力吸引,那是物理课独有的魅力。一个个精彩的实验仿佛是一场富有魔幻色彩的表演,让同学们心驰神往。课堂上同学们踊跃发言,课堂气氛活跃而温馨,每一个思维的碰撞都是一次智慧的火花。

要上好一节物理课也很难。教师需要提前做好充分的准备。实验是课堂的灵魂,每一个实验都需要精心设计,每一个细节都需要精妙构思。学生们的思维活跃度极高,他们的问题五花八门,时而奇思妙想,时而天马行空。老师需要在瞬息万变中保持沉稳,时刻准备回答那些出乎意料的问题。这不仅需要扎实的专业知识,更需要丰富的知识储备和一颗包容万象的心。

从生活到课堂,从课堂回归生活。在学习物理之前,学生们在感受这个世界;但学了物理之后,学生们就会慢慢理解这个世界。一堂好的物理课不仅是知识的传递,更是一场关于探索、发现和创新的奇妙之旅。以最初的心,走最远的路,愿我和学生们都能在双向奔赴中遇见更好的自己,继续追寻属于我们的星辰大海。

(辽宁师范大学附属第二中学 沈晶菁)

语文味儿贵有疑

引导学生提问、质疑，是一种既古老又现代的教学方法。朱熹就曾指出："读书无疑者，须教有疑。"孔子在教学中就经常引导学生提问、质疑，特别欣赏"敏而好学""不耻下问"的孔文子。法国教育家第斯多惠说："一个不好的教师奉送真理，一个好的教师则教人发现真理。"新教材、新教法提倡把提问的主动权交给学生，还教学以本来面目。因为"思起于疑，小疑则小进，大疑则大进"。语言文学的教育，通常讲究一个"悟"字，从"疑"的角度去"悟"，亦不失为好方法，"小疑则小悟，大疑则大悟，不疑则不悟"。

然而，我们在教学实践中，却常常遇到这种情况：学生提问，不是抓住主题，而是支离破碎，不得要领，或只是在一些细枝末节的问题上纠缠不休，偏题、离题，甚至与主题背道而驰，也就是说，学生没有朝着教师预设的方向发疑。结果造成教学计划难以完成，教学过程松散庞杂。上完一节课像是喝了一杯温吞水，不爽不利的。每每此时，你就会有一种"放弃也罢，你问不好，我来问"的冲动，困惑和迷惘就会袭上心头，真是"山重水复疑无路"啊！

我想，如果遇到困难就此放弃，岂不又是穿新鞋走老路吗？尤其近年来，"双减"政策全面落地，更要求语文课堂实现方法创新，从而提质增效。在黑暗中摸索比等待火炬引路更可贵；摸着石头过河比被别人牵着过河更可贵；问自己所疑比鹦鹉学舌更可贵；提出一个问题比解答一个问题更有价值——过程比结论更可贵。

传授提问之法

“授人以鱼，不如授人以渔。”教会学生提问的方法非常重要。而提问的第一要义在于找题眼。如学习《草船借箭》一课，学生问：①谁向谁借？②为什么借？③怎样借？这一系列问题引起了学生认识上的冲突，激起探究欲望。学生有了求疑解惑的心理，就能积极参与课堂教学活动，就能积极主动地参与学习、讨论，积极举手发言。

其次，中心词句的作用不容忽视。围绕中心词句，同样能提出很多具有导向性的问题。如《草船借箭》一课的中心句：“周瑜长叹一声，说：‘诸葛亮神机妙算，我真比不上他！’”一学生由此提出：①诸葛亮敢于用草船借箭，他算对了什么？②从“神机妙算”中看出诸葛亮是怎样的一个人？

再次，寻矛盾，揭矛盾。如《十里长街送总理》中说：“一位满头银发的老奶奶，双手拄着拐杖，背靠着一棵洋槐树，焦急而又耐心地等待着。”这句话中老奶奶为什么焦急？为什么又能耐心地等待？我启发学生动一番脑筋来解决这个矛盾。学生的思考从谬误一步步走向正确，从浅薄一步步走向深刻。可见，对矛盾进行质疑是解决问题的不竭动力。

此外，由关键字引发质疑。如《荷花》一课中有句话：“白荷花在这些大圆盘之间冒出来。”学生问：“为什么不用‘长’而用‘冒’？”通过进一步讨论，学生也体会到了中国文字的丰富与奇妙。

最后，抓感兴趣的部分。如《田忌赛马》一文，有学生问：“同样的马匹，为什么只调换了一下马的出场顺序，就可以转败为胜呢？”再如《凡卡》这篇课文，最后凡卡寄出一封信。由此，一学生问：“凡卡的信能被收到吗？”从而引导学生展开激烈的讨论。

除了上述方法，我还试图启发学生围绕教材中插图、标点、空白等部分提出疑问。学生提出的问题，有的是浅层次的，没有多大的思考价值；有的是深层次的，具有较高的思考价值。这就要求教师具有辨别问题的能力，能在短时间内，把学生所提的问题梳理出来，由此逐渐培养学生把问题提到点子上，提高他们在关键处提出问题的能力和素养，让语文学习更有语文味儿。

携新疑再拓展

传统的教学观是要把问题在课堂上弄懂，走出课堂就没有问题了，其实我想说，这是片面的教学观。现代的教学理论认为，问题的解决并不是教学的根本目的，教师也不能满足于学生已经掌握了多少个问题的答案，而是在获得结论的同时，鼓励学生自主地提出新的问题，带着新问题走出课堂，并想办法解决，体现"大语文"教学观。

首先，结课语言需有艺术性。在给一堂课下结束语时，有意识地给学生留下"言尽而意无穷"的意境，让学生去思考、去幻想。如学习《观潮》一文时，做了如下结尾："今天，我们如临其境，观赏了被称为天下奇观的钱塘江大潮，我们通过有感情的朗读，理解并积累了好些语句，还学着用了用。你们学得真棒，那作者为什么还要写潮来前，潮过后呢？我们下节课继续学习。"

其次，课后练习具有拓展性。如《称象》结课时，教师可提出问题："你们还知道哪些反映古人的智慧的故事？还想知道曹冲的其他故事吗？"让学生走出课堂去寻找。

实践证明，只要启发得当，学生是能够抓住课文的重点和难点提出问题的，让学生自己发现问题，比教师主观设计大大小小的问题更能激发学生学习的主动性和积极性。更重要的是，它从根本上改变学生等待老师传授知识，消除学生学习上的依赖心理，使学生成为主动探索者，把学习的潜力充分发掘出来。正如叶圣陶先生所说："上课之时主动求知，主动练，不徒坐听老师之讲说。"学生只有"靠自己的能力"去学习，形成自觉学习的习惯，才能进一步学会生存，形成独立自尊的健全人格。

（辽宁师范大学附属高新区实验学校　李季）

柳絮因风起，春花向日倾

语文是一场浪漫的旅行，语文课堂应该是师生间思想与灵魂的碰撞。当我执笔写下我的课堂时，我不禁茫然，“双减”背景下，我的语文课堂应该是什么样子的？沉思须臾，无他，唯真情实感。

我经常会问学生，你认为语文是什么？学生们众说纷纭，有学生说是听说读写，有学生说是诗词歌赋，也有学生说最直白的无非是学科成绩。我想语文不只是“活”在书本里的一门学科，也不仅是模式化、标准化的考核。语文是无声的冷月，是静谧的荷塘；语文是一望无际的蒹葭苍苍，是浔阳江头的琴声回荡；语文是李太白的《将近酒》，是苏东坡的《明月几时有》；语文是炫目的先秦散文诸子百家，是万古流芳的文人雅士赋体先贤。

我希望语文课堂是心灵的憩所，是流淌在心底的诗，是拥有无限可能的梦。我从不限制学生的思维空间，只要合情合理。在讲授《孙权劝学》时，我问学生：“鲁肃为什么要和吕蒙结为朋友？”学生给出的答案大多都在我的预设中，此时语文课的“活跃分子”举起了手，他说他有自己的“看法”，当他语毕，好像是向平静的湖面扔出一块巨大的石头，溅起高高的水花。他言语的中心思想是“为官之道”，虽然脱离了本节课的主旨，但我也表扬了他。一节预设好的课虽然舒服，但缺少了真情实感，我想让我的语文课堂可以是表达内心真实想法、畅所欲言的树洞。

给她一点火光，她会照亮整个世界。曾经在一节习作课上我问学生，“你的梦想是什么？”一名成绩不算太优异的学生说她想成为一名作家，不知是同学的窃窃私语还是她内心的困窘，一瞬间她羞红了脸颊。我什么也没说，读起了她写的一段文字，文辞兼美，寓意深刻。片刻，教室里响起了默契的掌声。此后，她的习作频频被表扬、被同学们借鉴，她也经常参加作文比赛。我想，在不久的未来，她也许真的会成为一名作家。

我认为语文课堂不仅是阳春白雪，我更希望在我的语文课堂学生能够在文质兼美的课文中打开心结，感悟人生，思考未来。

人间何所似，观风与月舒。人生在世，不过边走边欣赏，看风往哪吹，月何时圆。我想告诉学生，无论生活还是学习，保持豁达与洒脱，才能享受生命中的美好。当你陷入低谷，读一读李白“大鹏一日同风起，扶摇直上九万里”的昂扬；当你失意困惑，学一学庄子“乘天地之正，而御六气之辩”的逍遥；当你心绪烦扰，寻一寻陶渊明“采菊东篱下，悠然见南山”的心灵乐土。

没有一门学科像语文这样可以伴随一生，文学即人学。成为内心丰盈而完整，兼具感受力与包容心的人，我想这就是学习语文的意义，这才是语文教育的终极目的。

（辽宁师范大学附属第二中学　贾辉）

做幸福的教师

在“双减”视域下的教育教学实践中，如何提高学校课堂质量，优化作业布置，减轻学生的课业负担，是所有一线教师必须思考、完成的课题。与此同时，作为一名非考试学科的老师，我常常也在思考，我究竟能给学生带来什么？

初次见到小宋同学，他坐在班级最后一排，书桌靠在班主任的书桌旁边。预备铃响起以后，他趴在桌子上，迟迟不愿清醒。在我喊了上课以后，班主任敲了敲他的书桌，他才慢慢爬起，仍然睡眼惺忪。我猜想，他可能是一名自律性较差的学生，需要老师时刻提醒，或者是一名非常有个性的学生，需要我多一点耐心、多一点关注，才能打开他的心扉，得到他的信任。整节课上，他都心不在焉，丝毫没有加入到课堂的意愿，我和他之间从讲台到课桌的距离仿佛相隔千山万水。

在那之后的心理课上，我都会“偏爱”他一些，讨论的时候，会走下去问问他的想法。慢慢地，我发现他的眼神在课堂上发生了变化，他开始关注课堂的内容，有时候还会发表自己的见解。只要捕捉到他跃跃欲试的眼神，我一定会给他尝试的机会，当然我也会尊重他的意见，在他因为还没有组织好语言而缺少一些胆量拒绝我的邀请时，我依然会用充满期待的眼神看向他，希望下次仍有机会向他发出邀请，并希望这样的机会能够早一点到来。

这之后的某一天，心理课上的小宋同学与往常截然不同，讨论的环节，他提出了独到的见解，甚至还成了小组的领导者，引导其他同学发言。课堂快结束时，我询问同学们都有什么收获，学生们的答案都是认知上的收获。这时，他第一次主动举起了手，站起来微笑着说：“我的收获是，我愿意发言了。”他的微笑中夹杂着羞涩、兴奋、自豪，令我印象深刻。

下课后，我激动了很久。回想我们从幼儿园、小学一直到大学经历的历任老师，能让我们爱戴敬仰、时时记挂、常常思念的原因可能是高超的学术造诣，也可能是风趣幽默的课堂氛围，但更多的是因为老师出众的人格及老师带给学生的幸福感。马克思曾说过："能给他人带来幸福的人，是最幸福的人。"那一刻，我明白了，我能给学生带来的绝不仅仅是调节情绪、提升自信、燃起学习兴趣，我可以带给他们幸福，带给他们被关注被认可的情绪价值，用我的人格来影响他们的人格，用我的力量让他们感受到温暖。我想这可能也是"双减"的终极目标，让学生和老师不单单是因为学业压力减轻而愉悦，而是通过教学的过程，通过师生相互影响、相互成就而获得更高级的幸福感。

小宋同学在课堂上迈出的小小一步，踏在了我的心里，铮铮昂扬！他的改变让我懂得了教育者的终极职业成就——用人格影响人格，是教师所追求的幸福，也是教师带给学生的幸福。

（辽宁师范大学附属第二中学　吴芳）

校园生物之韵

桃红柳绿,又是万物蓬勃时。身为一名生物教师,我踏春而来,融入这片知识的田园,目之所及,校园里每一片叶子都是教科书,每一朵花儿都是知识的注脚。

日出东方,朝霞似锦。走进教室,群生躁动,恰似林中小鸟,等待喂食。我便启口开讲:“生之者父母,育之者天地。生物二字,蕴含了天地之精华,万物之奥秘。”孩子们的眼神逐渐变得专注,犹如捕食的猎豹,全神贯注。讲至植物光合作用,我便带他们到校后那片小园林。杨柳依依,绿叶如盖,阳光斜斜地洒下,恰似金线穿过碧玉。我告诉孩子们,这便是光合作用的舞台,叶子吸收二氧化碳,释放氧气。孩子们围在树下,听我娓娓道来,叶间莺雀,啾啾成韵,好似也在旁听。

又一日,课后闲暇,几个孩子拉我到操场角落,那里有几株野花破土而出。“老师,这是什么花?”孩子们好奇地围了上来。我俯身细看,原来是些蒲公英。“这些小小的生命,虽然不如园中花朵艳丽,但也有它们的风骨,待风一吹,种子便四处飘散,寻找适宜的环境,开启生命的新起点。”我随手摘下一朵,轻轻一吹,那些种子便如星星般飘散。“这就像你们,小小的年纪,大大的梦想,只要努力,终将飘向更远的地方。”

时光荏苒,转眼间已是学期末。这日课后,我收拾书本,准备离去。忽闻一声:“老师等等!”转身一看,原来是班上的小李,他问道:“老师,这几天我观察了校园的蚂蚁,发现它们搬运食物井然有序,这是为什么?”我微微一笑:“你可听说过‘千里之堤,毁于蚁穴’?虽是小小蚂蚁,却有严密的组织和分工。这便是生物的魅力,即便是微小的生命,也有其独特的适应环境的生存之道。”小李听后,若有所思地点了点头。

回首这段时光，与孩子们一同探寻生物的奥秘，真是收获满满。每当夜深人静，我便会想起那明亮的眼睛、好奇的问题和纯真的笑容。这片校园，这群孩子，已成为我生命中不可或缺的一部分。而我，只愿在这片知识的田园里，继续耕耘，播撒智慧的种子，期待来年的桃李芬芳。如诗中所云："种豆南山下，草盛豆苗稀。晨兴理荒秽，带月荷锄归。"这，便是我这生物老师的日常与期许。

日子一天天过去，我愈发觉得，生物教学不仅是传授知识，更是一种生命的交流。就像那日，小张兴冲冲地跑到我面前，手中捧着一只蜗牛："老师，我在花坛里发现了这个！"我接过蜗牛，细细讲解其构造和习性。小张听得津津有味，眼中闪烁着对生命的好奇与敬畏。又或如那次野外社会实践，我们一行人漫步在林间小道，听着鸟鸣虫叫，感受着大自然的生机与和谐。"老师，这棵树为什么要长得这么高？"小王指着参天大树问道。我解释道："为了争夺阳光和空间，生物界中充满了竞争与合作，就像你们日后要面对的社会一样。"孩子们若有所思，沉默中仿佛有了新的领悟。

每当夜深人静时，我总会想起这些点滴瞬间。回想起孩子们的好奇心、求知欲和纯真的笑容，回想起与孩子们一同探寻生物的奥秘，引导他们去探索这个奇妙的生物世界，去感受生命的美丽与奇迹，每一次都收获满满。在这片知识的田园里，我愿继续耕耘，播撒智慧的种子，期待来年的桃李芬芳。

"青青园中葵，朝露待日晞。阳春布德泽，万物生光辉。"随着铃声响起，又一堂课即将开始。我整理好衣衫，迈着坚定的步伐走进教室。那些熟悉的面孔映入眼帘，我深吸一口气，准备开始新的生物探索之旅，作为旅行导游，我需投入全部的热情和智慧去点燃这群孩子对生物学科的热爱和对生命的敬畏，因为我知道，每一次的授课都是与生命的对话和碰撞；每一次的互动都是心灵的交流和成长。

（辽宁师范大学附属第二中学　宋慧华）

生活就是一部乐章

艺术源于生活，打造生活化的音乐课，鼓励学生在生活中多听、多看、多做、多思考，使音乐教育更加多元化、更贴近生活，是我一直以来努力尝试探索的理想课堂。

那是我第一次尝试以“听”的形式把生活带入课堂，没想到效果奇佳。“猜猜老师给大家带来一首怎样的生活交响乐？”教室瞬间变得活跃起来，“生活交响乐？”学生们的眼中闪烁着好奇与期待。当我按下播放键，自然而又熟悉的声音就以这种特殊的形式走进了课堂。那是火的燃烧、水的沸腾、杯碗的碰撞，还有同学走进教室的脚步声……生活之声此刻组成了一首首和谐灵动的交响曲，学生们沉浸其中，情绪就这样被调动起来，一些平时课上不太活跃的学生也开始积极参与课堂的发言和讨论。那一刻，我心里暗暗窃喜。音乐教育的目的并非仅仅教会学生演奏乐器或歌唱技巧，更重要的是让他们学会倾听世界，获得快乐。我想我成功了。

有了第一次“听”的基础，很快我又上了第二堂“看”的“生活音乐课”。我的想法：于音乐而言，通过感受万象之美，在视觉上激发学生对音乐的想象力与创造力会收到不错的效果。那天我组织学生观看了雨后万物复苏的视频，尝试用打击乐器模拟幼苗萌发的声音；观看了连绵起伏的山峦，用旋律线条模仿山峰的高低变换；欣赏了日落的视觉盛宴，让学生尝试以不同的音乐符号来表现天色的渐变。

打破传统的音乐课课堂模式，我拓宽了教学思路和方式，学生更喜欢也更乐于接受，他们开始尝试将自己生活中的感观转化为深层次思考和创作灵感，用音乐表达对自然、世界和生活的独特理解和感知。

“听”和“看”之后就是“做”。我相信，音乐源于生活和创造力，动手更能激发学生的音乐热情。那次，我准备了各种生活物品：空瓶、木勺、铁罐……利用它们上了一堂别开生面的改造乐器体验课。每个学生挑选一个物品，自由发挥，寻找属于它的独特音色。一名平时课堂上表现欠佳的男孩，此刻拿到木勺和空瓶专注地当起了小鼓手。只见他紧握手中的“乐器”，神情坚定而专注，每一个动作都恰到好处，他的节奏掌控力出乎所有人的意料，表现也颠覆了我之前的认知。这让我意识到，找到并激发学生内在潜力与兴趣才是最好的教学方式。只要用心寻找并因材施教，学生们都有可能展现出令人惊艳的一面。其实，生活点滴都可能成为激发他们音乐创造力的源泉，充分挖掘各种不同音乐中的生活元素，不断尝试着鼓励学生把对音乐的理解和热爱带入生活，去收集、去感受、去创造，必能事半功倍。

在“双减”政策的背景下，课堂不再是获取知识的唯一渠道，而是成了探索和创造的舞台。以生活和自然为灵感源泉的教学策略是减负，更是关于生活、情感和审美的探索与感悟，我想培养出热爱生活的新时代学子，让学生们在感知音乐的同时，亦感受到内在世界的丰富多元，并从中获得前行的动力和勇气，我相信我的学生们一定能做到！

（辽宁师范大学附属第二中学　周子力）

微光中的教育旅程

教育之旅，在微光下，既充满挑战也洋溢着希望。作为一名小学英语教师，我深知我的任务不仅仅是教授语言知识，更重要的是通过这门语言开启孩子们心灵深处的窗户，引导他们探索广阔的世界。在这个过程中，我发现了教育的真谛——如同清泉般纯净无华，却能滋养心灵，激发潜能；如同潺潺溪水，虽无波澜，却淡泊而深远。

灵感之光：生活与学习的融合

教学之旅的每一步，都是从生活中汲取灵感的过程。我清楚地记得，在执教一年级第十模块时，主题是家庭成员。学生们较好地掌握了重点句型，并学会了运用“This/That is my...”来介绍自己的家人。家庭是一个与学生实际生活密切相关的话题。为了能让学生们更好地将所学知识应用到生活情境中，我组织了一个“家庭日”活动。在这个活动中，学生们被分成若干小组，他们绘制了属于自己的独特的“家庭树”，并向小组成员介绍自己的家人。

学生们不仅在实践中巩固了所学知识，更重要的是，他们乐于运用英语向他人介绍自己的家人，这加强了学生对家庭的认识，也培养了他们的学习兴趣。这种教学方式，让学生们在轻松愉快的氛围中，体会到了英语学习的乐趣。

成长之光：温暖的教学日常

在温暖而充满灵感的教学日常中，每一个小小的改变都昭示着成长的光芒。我记得有一个学生，英语成绩一直不是很理想，对英语学习缺乏兴趣。在了解到他对动物有着浓厚的兴趣后，我特意为他准备了一些关于动物的英语故事书。课余时间，我会和他一起阅读这些故事，并鼓励他用英语来表达对故事的理解和感受。渐渐地，他不仅对英语学习产生了兴趣，还在班级中分享了自己的阅读心得，成了一个小小的英语爱好者。

学生这样的小小的改变，对我来说，是教育中取得的最大的成功。我相信，通过这些温暖而细腻的日常实践，我们不仅能够教会孩子们知识，更能够引导他们成为一个有爱心、有责任感、有创造力的人。

前行之光："双减"下的创新实践

面对"双减"政策的挑战，学校积极响应，探索减负与提质的平衡点。在我的英语课堂上，我通过引入更多的游戏和活动，如角色扮演、情景对话等来替代传统的书面作业。这样不仅有效减轻了学生的课外负担，还提高了他们的英语沟通能力。

例如，当我们学习到"Happy Birthday"这一模块时，我会让学生们为当月过生日的同学举办生日派对，他们需要用英语表达祝福和问候。通过这样的互动活动，学生们不仅能够将所学的词汇和句型运用到实际情景中，还能在活动过程中学会相互合作和解决问题的技能，为英语课堂注入新的活力。这种创新实践，是我在教育旅程中不断前行的动力，也是我努力将生活与学习融合，引导学生们成长的体现。

在这份被微光照耀的教育旅程中，正是那些看似微小的教学细节构成了能够触及心灵的强大力量。我将继续用我的专业知识、教育智慧和满满的爱心，为孩子们的成长之路铺设坚实的基石。在这份信念的指引下，我会在教育的道路上默默前行，用心灌溉，静待花开。

（辽宁师范大学附属第二中学　姜萌）

不问终点，一步一阶皆风景

很多学生第一次接触体育项目时，会从具有竞技特征的运动入手，问及原因，多数学生的回答是“我想赢”。“体育强则中国强”是灌输在我们血液里的民族精神，懵懂的孩童从学校运动会到奥林匹克更多关注到的是奖牌。我们不能否认，这确实是竞技体育的魅力所在。但是，真水无香，教育本是浸润的艺术，在“双减”背景下，学校体育更不应该困步于竞技。体育像太阳般热烈、高山般雄立、大海般波澜，是能够在青少年心中迸发无穷力量、展现连绵希冀的。当学生体悟到体育中坚持不懈、奋力拼搏、团结协作的意义，沉醉于不问终点、全力以赴的过程，我想这是教育者的终极目标。

体育与德育结合，更添一抹红色。在每学期的国旗班选拔活动中，我们可以发现很多昂首挺胸的“小战士”，他们挺直身躯，渴望被老师看见。当他们真正成为荣耀的“国旗手”时，通常能够以更高的水准及更为严格的体能、姿态训练来要求自己，在无形中映射顽强的意志品质。这是爱国旗、爱民族、爱国家的红色信仰，契合培养学生集体荣誉感的德育需要。

体育与智育结合，更添理性声音。在“体育史”课堂中，历史老师通过讲解，将奥运背后的人类文明展开呈现，将体育背后的故事讲述给学生听。从奥运金牌背面的设计图案出发，系统讲述自古希腊发源的现代体育运动，让学生认识“棕榈”“橄榄冠”等相关体育文化元素。在校园体育文化节的颁奖典礼上模仿古代奥林匹克竞技会的方式对学生“加冠”，让学生亲身体验运动带来的激情与释放，振奋学生的体育运动精神。除此之外，还带领学生参观高校体育课堂、观赏体育专业课，直观了解体育运动专业的美感与魅力。

体育与美育结合，更添艺术之趣。让体育知识在各个学科、从各个视角呈现。在举办的“画出心中的体育”手抄报大赛中，我们让学生的绘画作品真实地成为校园体育文化节的宣传品之一。向美而行，美美与共，切实挺进向真、向美、向上的校园建设。

体育与劳育结合，更添协作之乐。在“动手制造体育器材”大赛中，我们惊喜地发现学生有很多奇思妙想，有关于运动场地的设计，也有关于体育项目的规划等。并且，学校会想尽办法帮助他们实现看似天马行空的创想，让学生尽可能使用到自己制作的体育运动器材，达到爱学、乐学的教育目的。

五育并举，让体育在乘风破浪之时，满怀直挂云帆济沧海的豪情。一颗种子，只有经历了黑暗和寒冷，才会在春天冲破厚厚的土层，将生命的绿意伸向蓝天。我们不必追求完美和伟大，只需把平凡的体育变得充盈、踏实。体育的魅力在于永远不缺惊喜和遗憾，却始终诠释着“不问终点，全力以赴”的态度。体育如此，教育亦如此。曾子的“士不可以不弘毅，任重而道远”不是豪言壮语，而是满载着“路漫漫其修远兮”的重负。我们能做的就是依心而行，在黄沙滚滚之时，心中仍有一方绿洲。

（辽宁师范大学附属第二中学　范麟）

向好向上,一路阳光

热爱,可抵岁月漫长。教育是奉献爱的事业,教师的基本职责是教书育人。培养学生的方法有很多,但无论是何种形式都贯穿着教师对学生的爱。只有当我们的心中充满爱才会用爱心感染学生,才会使我们平凡的工作变得伟大。教育家陶行知先生讲"爱满天下",我们青年教师就是爱的使者,让"爱"这个人类最美丽的语言时时荡漾在我们的蓬勃校园!让学生们在爱的怀抱中幸福成长,再把爱的火种播撒到美丽的人世间!

梁晓声在《人世间》一书中说过一段话:"孩子若是平凡之辈,那就承欢膝下;若是出类拔萃,那就让其展翅高飞,接受孩子的平庸就像孩子从来没有要求父母一定要多么优秀一样。穷不怪父,孝不比兄,苦不责妻,气不凶子。"我想这用在教师身上也是一样的,我们应该接受学生之间的差异,接受学生的普通,用自己的全部力量帮助他们。不求他们出人头地,只求他们为人正直,不仅是助优秀生更上一层楼,更是不轻易放弃任何一个普通的学生,我想这才是教育真正的意义吧。老师跟医生一样,需要天赋,爱的天赋。让我们一起来发现这本书中折射出的教育密码,分享给我的教育同仁们。

最好的教育是言传身教、以身作则

在《人世间》一书中周志刚作为新中国第一代建筑工人,是一个积极努力的男人,也是一位懂得教育子女的父亲,其妻子亦是贤惠的女人、智慧的母亲。细观周家三个孩子,周秉义的大义、周秉昆的忠厚及周蓉的热烈均能在周父、周母身上找到影子。家长是孩子的第一任老师，老师是学生的第二父母，这句话说得很对，除了父母，孩子与老师相处的时间是最长的。

工作的第一年，我担任低年级的英语教师。一天，一个小男孩儿在课堂上突然哭哭啼啼地说："老师，我的杯子不知道被谁给弄坏了。"我先安抚了他的情绪，并在上课时询问全班学生，但没人承认，我便没继续追问下去，而是与他们分享了我的故事。"我今天早上在批作业时不小心弄坏了某某同学的作业本，老师第一时间就找到了这名同学并和他道歉。"这时我把最初的问题再次抛出来："那到底是谁把他的杯子弄坏了呢？做错事情要勇于承担，谁是最勇敢的人呢?"班上安静了一阵儿，过了一会儿另一个男孩儿颤颤巍巍地举起了手说："老师，是我弄坏的。"我并没有责备他，反而带领全班同学为他鼓掌，为他的勇气鼓掌。作为教师，我们要用自己的一言一行潜移默化影响学生，时刻都要拥有一种向上、向善、向美的精神。父母的以身作则、老师的言传身教，会在孩子的心灵种下一颗健康向上的种子。

鼓励和肯定是孩子成长中最需要的营养

苏格拉底说："每个人身上都有太阳，只是要让它发光。"一个孩子在充满鼓励的环境下成长，他学会了自信；一个孩子在充满赞美的环境下成长，他学会了赞赏他人；一个孩子在充满认同的环境下成长，他学会了爱惜自己；一个孩子在充满爱的环境下成长，他学会了爱惜这个世界。

她，是我们班一个安静的小姑娘，上课经常低着头，也不愿和班上其他同学交流。与她接触一段时间后发现她是一个缺乏自信和安全感的孩子。有一天课上，她能完整地读对所学的单词，我由衷地竖起大拇指夸奖了她，我看出她有一丝紧张。我灵机一动，从包里取出一本课外书，对她说："喜欢看书吗？老师送你一本书。"她不敢相信地看看我，又看看书，想伸手来拿，又很犹豫。我微笑而友好地望着她，等待她伸手。最终，她接过我的书，很激动地对我说："谢谢老师。"她稚嫩的小脸因为兴奋变得红彤彤的。看着她蹦蹦跳跳的背影，我也开心地笑了。在我的鼓励下，小女孩上课时不再只是低头看书，她会抬起头听老师讲课，尽管眼神交汇时，她还是会害羞。孩子的心是玻璃做的，脆弱而敏感，所以更需要父母和老师有一颗细腻而善良的心，时时刻刻去呵护、抚慰他们。鼓励和肯定是孩子成长过程中不可缺少的"催化剂”,有了鼓励和肯定才有动力,有了鼓励和肯定才有信心,有了鼓励和肯定才会成功。

每个孩子都是一粒种子,只是花期不同

回到前文我们所提到的《人世间》一书。周志刚是个好父亲,但最初他也曾为自己的孩子不够优秀而深受困扰。虽然小儿子周秉昆曾因父亲的直言而心存芥蒂,但在他表达出自己的委屈时,周父终于说出了那句迟来的肯定:“你是我家三个孩子里我最满意的。”父子俩也由此冰释前嫌。每个孩子都是天才,可以打一百分。每个家长、老师都应给予孩子信任。当我们相信孩子,愿意发现孩子身上的闪光点时,你会发现我们的孩子就是那个最优秀的孩子。

“双减”政策的落实过程中,我们慢慢发现有的孩子喜欢声音、器乐,有音乐节奏感和文字的韵律感;而有的孩子喜欢图像、玩具,擅长绘画和手工,这是天赋的自然流露。每个孩子都是一粒种子,作为教育者,我们不应该因为自己的局限性扼制孩子们拥有无限可能的未来。教育需要因材施教,用心培育,尽心培养,为孩子提供适合其生长的土壤和条件,播洒阳光雨露,帮助孩子在这个丰富多彩的世界走向成功,获得幸福,找到自己的位置,活出自己的精彩。让我们一起默默耕耘,静待花开。

《人世间》将永远激励着作为教师的我,不忘教育初心,牢记教育使命,以爱与善良之心培养莘莘学子,以奉献与担当之品追逐教育梦想。我将和我的孩子们携手共进,像种子一样,一生向阳,在教育这片土壤,随万物生长,向好向上,一路阳光!

(辽宁师范大学附属第二中学　张文译)

花开有时，润物无声

跨过岁月的门槛，我已踏入教育行业三载，与学生相处的三年时光里，我也在陪伴学生共同成长。自从高中毕业迈入体育学校的大门，经历了大学四年的系统学习和研究生三年的深入探索，我对体育老师这一职业的理解也愈加深刻。

小学是学生们身体快速发展的黄金时段，在这一关键阶段，通过适当且科学的体育教育，不仅能够提高学生的身体素质，还能激发他们乐观向上的体育精神。然而体育课的特殊性和不可预测性，尤其是户外教学的复杂性，对体育教师提出了更高的要求。

随着“双减”政策的实施，国家鼓励减轻学生的学业负担，在这样的教育环境下，体育教育变得更加重要，我也在思考，如何成为一名符合新时代要求的体育老师。

一次二年级体育常规课上，我组织学生们跳长绳，为即将到来的冬季跳绳比赛做准备。我将学生们分成四组，期待通过团队合作来提高他们的运动热情。然而，我迎来了意想不到的挑战——纪律松散、学生间出现争执，有的学生甚至表示自己不愿意参与跳绳活动。我了解原因后，发现跳绳能力薄弱的学生兴味索然，而熟练者则乐此不疲。有一部分学生因为害怕跳得不好遭受同学的嘲笑，从而不敢尝试，这导致了同学间的争吵。随着参与者的减少，班级整体对跳长绳的兴趣也随之下降。活动的核心问题并非出在学生身上，这件事也给我带来了极大的触动，教育不应该只是知识的传递，更应该是激发潜能、培养兴趣的过程。

在课后的教学小结中，我深入思考了如何让学生成为学习的主体这一问题。我决定利用室内课播放长绳教学视频，并为学生提供跳绳活动的详细解析。果不其然，学生们跃跃欲试。学生们有了尝试的欲望后，我顺势将学生分为两组，鼓励他们自主寻找搭档，课堂氛围变得异常活跃。

这一经历让我意识到，在体育课中，教师应采用多样化的教学策略，为学生创造自主探究和学习的机会，应关注学生的心理和情感需求。这不仅是对“双减”精神的响应，更是对教育本质的深入理解。

教学之路，如同行走在春天的田野，每一步都充满了发现和成长。在体育教学的旅途上，我渴望成为那道指引学生探索自身潜能的光，让每个孩子都能在体育的天地间自由翱翔。

（辽宁师范大学附属第二中学　邓超）

难忘的舞台剧表演

——“双减”背景下的小学英语课后服务

课后服务是学校积极推进、落实“双减”工作的重要内容之一，我校开展了独具特色的课后服务课程。作为一名新岗教师，我在工作的第一年上报了具有英语特色的课后服务课程——“英文舞台剧表演”，带领学生用英语进行小短剧、小故事表演。在课程完结的那一天，我欣喜地发现这次课后服务竟润物细无声地促进了学生品德、审美、知识、劳动多方面发展。

回顾演绎的许多个小故事，令我印象最为深刻的是 *Snow White*——《白雪公主》的故事，这也是我们在课程汇报时展示的故事。思绪回到汇报展示的那一天……

舞台的准备　舞台在哪里？“来，我们把场地空出来！”我做出布置的手势，不需要过多语言，小演员们便放下手中的剧本，开始转移教室中央的桌椅。这对小学生来说可不轻松。与他们一起，我无意中瞥见这样的场景：男孩们都挽起袖子，稚嫩的脸庞满是认真；女孩们两两一组合作抬起一张张桌子，一路欢声笑语。舞台的空间有了，低下头，却是满地狼藉，于是我默默拿来扫帚清扫场地。不一会儿，一个女孩悄悄起身，拿起一把扫帚同我一起打扫，几个男孩争着拿起拖布和桶一起走向水房，几个女孩拿起抹布擦拭着墙围的瓷砖……经过我们的共同努力，舞台变得宽敞又洁净。“好干净呀！”小演员们按捺不住内心的激动都跑到了舞台上，女孩们转着圈，男孩们忍不住在地上打滚喊着“help”，我敲了敲讲台提醒他们抓紧练习。原来劳动真的是人类独有的智慧与欢乐，热爱劳动的我们正感受着幸福。

更换服装　为了给他们一个惊喜，我将平日用的道具制作成了精美的服装，孩子们激动地围过来。最大的难题就是分配七个小矮人的服饰了，赤橙黄绿青蓝紫，一共七顶色彩缤纷的帽子要怎么分呢？我有点伤脑筋，又转念一想，何不让他们一起思考，根据对角色的理解做选择？于是我提出了问题：“经过我们这么久的学习和演绎，大家喜欢小矮人吗，为什么？”孩子们纷纷点头，在这场没有举手回答问题的聊天中，孩子们争先恐后地说出自己的想法。“小矮人虽然很矮，但是很善良”“七个小矮人在一起每天都很快乐”“小矮人帮助了白雪公主，他们乐于助人”……孩子们的话感动了我，我接着说：“是啊，小矮人虽然矮小，却有如此美的心灵，是心灵的光芒照亮了每一位小矮人。所以老师觉得他们无论戴哪一顶帽子，都是好看的！”孩子们看着我，笑着，眼睛里闪着光。我将这个画面永久地记在心中。接下来，我们便根据小矮人的性格、外形特征分配帽子，憨厚的 Mor 适合什么颜色？胆小的 Par 呢？强壮的 Gor，轻声细语的 Zar……就这样，孩子们按照自己的理解挑选好属于自己角色的帽子。戴上帽子的小演员整整齐齐，却缺乏新意，我想了想，问道：“大家想不想 DIY，装扮自己的帽子？快试试吧！”小演员们化身为艺术家，用尽身边的物料打造着专属于自己的道具。看着他们的样子，我感叹品德教育是潜移默化的，它藏在团结协作的劳动中，藏在感知美、鉴赏美、创造美的过程中，所谓润物细无声，大概就是如此吧！

正式演出　正式表演的时间到了，面对陌生的评委，小演员们紧张极了。这场全英文的演出难免忘词，看着小明忘词的样子我为他捏把汗，只能用动作提示他，慌乱中他竟用今天课上学习的“be going to”句型演绎了这段台词！那段话可能会有语法错误，可能会在表达上不够地道，可能会有种种的不足，但是那一刻的他，将老师的提示和自己刚刚学到的知识建立起了联系，并自信地表达了出来。我忍不住对他竖起了大拇指。最后在大家的齐心协力下，我们把这场《白雪公主》舞台剧顺利完成了。谢幕后，这群小演员又撒了欢儿似的跳着、闹着，欢声笑语遍布教室，看来他们已经准备好去探索新的世界了呢！

思绪拉回，我反复品味这次意义非凡的课后服务。正式表演那天的每一个细节，都是日常课后服务中练习的缩影，每一节课后服务我们都要一起劳动，将教室打扫整洁；分析剧本，分辨故事中人物的善与恶；制作道具，用手工与绘画创造角色的装扮……这是我第一次报名的课后服务，也是我最难忘的一次课后服务，在欢乐中撒下教育的种子，静待花开。

（辽宁师范大学附属第二中学　张敏）

美术课，让成长多一种可能

我国伟大的人民教育家陶行知先生曾经说过，“活的人才教育不是灌输知识，而是将开发文化宝库的钥匙，尽我们知道的交给学生。”美术课绝不是简单地把颜色和线条的搭配技巧教给学生，更重要的是为学生们提供表达情感和激活创意的途径，从而促使他们以独特的视角探索世界，让成长多一种可能。

美术课正确的打开方式

“知之者不如好之者，好之者不如乐之者”——孔子在《论语》中就强调了兴趣在教育中的重要性。低年级学生往往会表现出注意力不集中、缺乏韧性和喜新厌旧等特点。因此，在教学中结合不同学段学生的心理特点，采取适合他们的方法尤为重要。在《猜猜我是谁》这节课中，我提前请几名同学进行特殊装扮：他们脸上绘有花纹，头戴奇特的饰品，穿着自行设计的服装。这些同学“盛装出席”的场面即刻激发了整个班级的兴趣，就连平常对美术不感兴趣的小明也活跃起来。这种课堂模式让我直观地感受到学生们的积极性，他们对课程的喜爱程度也随之增加。我意识到在教学中创造积极主动的氛围至关重要。此后，我还通过编故事、唱儿歌、猜谜语和互动游戏等活动，将学生们的注意力吸引到课堂上，让他们在动手绘画前就已经对课程充满期待，从而达到事半功倍的教学效果。

比知识更重要的想象力

“想象力比知识更重要，因为知识有限，而想象力囊括整个世界。”在我的美术课堂上，我致力于激发学生的想象力，为他们提供丰富的创意资源，并引导他们大胆开拓思维空间。印象很深的是《吃虫草》这堂课。芳芳是一个非常内敛的小朋友，刚画第一笔就开始哭了起来，我立刻向她询问原因，“我画错了！和猪笼草不一样，这张画纸不能用了。”我听后，耐心引导她：“我们可以想一下，你觉得‘画错的’部分，是不是可以变成猪笼草的装饰，变成猪笼草的衣服，或者猪笼草的背景，或者是别的呢？绘画不是为了一模一样，而是为了表达自己的情感。”我鼓励芳芳大胆想象，大胆动笔，大胆表现自己，直到芳芳完成画作，曾经被她认为是“失败之笔”的线条，被她整幅画作“隐藏”了起来。自此以后，芳芳在课堂上愈加自信，不再小心翼翼地绘画，作品一幅比一幅“洒脱”。所以学生在绘画时并没有对与错，鼓励学生自信地表现与表达更为重要。

及时评价，多一些鼓励

面对一幅幅充满稚气的美术作品，如何给出恰如其分的评价与反馈，直接关系到学生进一步学习美术的兴趣，当然也考验着教师的教学智慧。某次进行课上作品评价时，小亮看过同学们的作品后，就默默把头埋进了课桌。原来，在创作时，他把自己所有颜色的笔都用了一遍，以最快的速度把画展示到黑板上。于是，在进行点评时，我这样夸奖：“色彩变化丰富，颜色非常漂亮，如果笔触再认真一点，画面效果可能会更好。”经过夸奖，他害羞起来，也笑了起来。从此之后，我能明显地感受到小亮学习美术的热情更加高涨了，听课越来越认真，涂颜色的速度也逐渐慢下来，线条也能认认真真勾画，性子沉稳了下来。所以在评价学生们的作品时，我要求自己一定要用心找到学生画作中的闪光点，以赏识为主，坚定学生对美术的信心，让他们尽情地发现美并创造美。

美术教育不仅是技巧的传授，更是心灵的塑造和情感的培养。通过因材施教、激发兴趣、培养想象力、正面评价和爱的传递，我们会在不知不觉中看到学生们情感上的变化和心理上的成熟。

在这个过程中，教师的角色至关重要。我们不仅是知识的传递者，更是学生们成长路上的引路人。正如冰心所说的那样：“爱是教育的基础，是老师教育的源头，有爱便有了一切。”

我想，我要做的是继续不断探索和改进教学方法，并始终保持对教育的热情和对学生们的爱，透过更多的画看到成长拥有的无限可能。

（辽宁师范大学附属高新区实验学校　卢艺）

“老师，你为什么只说我不说他?”

行为养成习惯，纪律保障安全。2023 年 9 月，我正式成为一名人民教师。彼时的我信心十足，做好了应对一切困难的准备。新学期，我负责一年级四个班的体育与健康课程的教学工作。考察了学校的场地后，为了更好地贯彻“双减”要求，提高课堂效率，降低学生校外负担，我选择在学校中庭进行教学。这个位置既可以避免被其他同时上课的班级干扰，又规避了潜在的冲撞风险，也能让学生的注意力全部集中在我身上，从而高质量地完成教学任务。

站姿训练作为常规训练，是开学后我要进行的第一项训练。要求学生保持正确的站姿，同时不要做小动作、保持安静。学生们刚上一年级，行为习惯和上课状态还没有经过系统训练，我需要尽快帮助他们调整适应。我的教学风格较为严厉，奖罚分明，尤其重视课堂纪律，希望以此营造良好的课堂氛围。

一节课上，我在巡回指导技术动作时，听到背后有同学说话，转身看到那名同学，回想起之前的几堂课上他的纪律表现也不是那么好。我问他为什么要说话，已经第二个月了为什么还不能按照老师的要求做。“老师，是他跟我讲话的，他也说话了，你为什么只说我不说他?”那个孩子带着哭腔向我“申诉”。稚嫩且委屈的声音让我脑子突然“嗡”了一下。是啊！为什么啊？我在那一瞬间共情到了孩子的委屈，如果是我，我也会抱怨不公。奖罚分明的作风不允许发生“冤假错案”！随即我开始课堂调查，另外那名学生的既往课堂表现还算不错，我问他：“是你跟他说话了吗？”他本能地摇摇头。我又问周围的孩子们是不是这样，孩子们纷纷点头。我蹲下来，脸贴得很近，跟他说：“讲话不要紧，但要说实话，老师不会惩罚诚实的孩子。”他小声说："我就讲了一句。"

我从不认为孩子们说些所谓的假话必须与撒谎这种字眼联系到一起，这太严重了。他们只是选择了一种快速解决问题的方式，快速地躲避错误，快速地躲避惩罚，甚至在他们心中还不存在撒谎这个概念。这么一想，问题就简单了——正反馈效应。想到这里，我立刻跟所有的孩子说："犯错对你们来说很正常，你们才来学校两个月，老师允许你们犯错。动作做不对慢慢纠正，爱讲话慢慢纠正。但老师最喜欢的就是那名同学的敢作敢当，他知道自己做得不对了，勇于承认，我相信他下次一定会做得更好。同样老师也会犯错，就像今天，一开始只认为是那名同学在讲话。老师不会针对你们任何一个人，做了就是做了，没做就是没做，老师是公平公正的。有的时候老师确实看不到全部，但我觉得如果大家都好好表现，老师就不用盯着你们看了，还会带你们一起玩游戏，你们想不想玩游戏啊？"话音未落，孩子们发出了震耳欲聋的喊声："想！"孩子就是这么简单，你带他们玩，他们就会很开心，就会很喜欢你。

老师也会犯错，我犯了先入为主的错误，用既往表现进行判断，但孩子们每天都在进步，不能因为刻板印象而忽略他们的变化。他们可能当下还不够优秀，但我确信，他们定会成长为善良、温暖且能够适应社会的人。一年级的孩子每天都在变化，我很幸运能参与他们的成长，在与他们的接触中，我自己也在不断成长。我会维持纪律、保障安全、完善教法、充实技能、以身作则、育人成才，成为新时代合格的人民教师。

（辽宁师范大学附属第二中学　李陶然）

心织笔耕改设计，心坚石穿录微课

3月26日，我收到了微信工作群里关于录制微课的消息，我自告奋勇，主动申请了《庆祝奥林匹克运动复兴25周年》一课的录制任务。教研员老师说：“这课上好，难度大。”我想：“当你手里有锤子，那敌人就是钉子，我要拔掉这颗钉子。白衣战士冒死出征，这点困难又算得了什么！”心强气盛的我，开启了录课之旅。

备课磨心

初看《庆祝奥林匹克运动复兴25周年》这篇课文，我发现我竟连第一自然段都没弄明白。我知道这篇文章距现在已有百年之远，我理解都费劲，学生们更会疑惑重重。为此，我下载了“哔哩哔哩”客户端，从第一届雅典奥运会，到第二届巴黎奥运会，再到最近的第32届东京奥运会，以及因世界大战被迫取消的三界，我把奥运历史来了个恶补。凡是关于奥林匹克运动的介绍视频必看，凡是涉及奥林匹克运动的字眼必看。经过仔细研读课文，我把疑问一一列出来，又到各个网站收看教学视频十余个，下载教学设计二十余个，教学思路有了，就着手设计录课脚本，第一个录课脚本写出来，只是梳理了上课流程，但是距离一节好课还远远不够。我一直在思考，怎样传递出新理念、新观点？能不能满足学习能力强的学生？能不能兼顾到大多数学生的理解能力？有没有令人耳目一新的教学环节？我知道，网上的资源只是辅助参考，一节出色的课必须有自己独特的教学设计，富有时代特色的教学理念和字字如金的简练语言。在经过六次修改之后，录课脚本终于过关啦。经过教研员老师的耐心指导，改旧革陈，在猜读法这一教学思路的统领下，从第一个问题到最后一个问题的设计，都环环相扣，引导学生不断思考。我还学到演讲稿有效的写作方法，深入全面地体会演讲稿独特的语言风格，真正做到每个字都恰到好处，决不冗余。此时，我已在电脑前整整研磨了五昼夜，真是“呕心沥血”，字字凝思，句句斟酌，才完成了录课脚本。然而这只是第一步。

录课揪心

为了呈现最佳效果，我向很多有过此经验的老师讨教，从图片到视频，从语调到语气，从标点到字音……一遍遍调整，一遍遍修正。电脑里保存时只能用“幻1”“幻2”“幻3”等各种数字来命名视频。在录制的过程中，我遇到了很多不可预想的意外和问题。原本以为录制得很满意，可看回放时，不是幻灯片慢放了，就是鼠标被显示了，不是画面快了，就是着色的字忘记出示了……总之，在反复录制的过程中，可谓是“屡战屡败”，我不断从中总结经验。后来，我也不断地学习和研究相关软件的功能及操作方法，观看同事提供的操作视频，真是到了心如枯井的地步，从夜色阑珊录到晨曦初露。不久，我学会了剪辑与音频的提取等技能，这在后期修改视频课时，也发挥了事半功倍的作用。最终，本课终审一次通过，并确定于4月24日在大连电视台数字课堂播出。

奥运精神悠悠我心，改案多录孜孜臻美。最终呈现在课节中的虽然是我，但绝不是我一个人在战斗！在我的背后，是教研员老师的辛苦指导和学校各位领导、同事们这些强大后盾的支持与鼎力帮助！终于，成就了这堂能让孩子们有所收获的公开课！

网课怡心

从初次录微课的步步惊心，到后来的游刃有余，再到现在的手段创新、技术革新，这段经历让我的授课能力大大提升，也更好地指导着我日常的线上教学。我线上的新授课采用直播课形式，这样可以回放，大家针对自己的接受程度随时调出再学；自读课采用视频会议形式，可以扩大参与面，所有同学都有发言的机会；复习课和早读课要么采用视频会议形式，要么采用音频会议形式，这样便于查看和听取，省去了“连麦”的时间，等于实时回应，便于接收学生的学情反馈。如果遇到一个知识点的讲解，我也播放自己录制的微课，采用多种方式，时时调动学生的积极性，让学生觉得老师在用智慧、用心授课，吸引他们学下去。在学习后的测验中，看到视频里学生个个认真思考的样子，我感到很欣慰！

在网上布置作业，更是五花八门，有视频背诵作业，有朗读课文音频作业，有拍照上传作业，有随笔作业，有练字作业，有习作展读共赏作业，有互阅互查作业，有美文赏析作业等，学生中的优秀作业大家都可以共赏互学，真好！

这些课，我劳心过，但更深深悦心于我，遂心于我！

（辽宁师范大学附属高新区实验学校　谢远霞）

用心教书，以爱育人

两年前，我怀揣满腔热情踏上了教书育人这条充满希望的阳光之路。在路上，我有过“山重水复疑无路”的迷茫，也有过“秋收万颗子”的喜悦。接下来就和大家一起来分享我的两年教师之旅。

在教学上，我专心钻研教材，结合班级的学情分析，不再局限于传统的黑板教学，而是开始利用实体模型并结合最新的教育技术，带领学生们探索数学世界的无限可能。这一改变不仅让数学课变得生动有趣，更重要的是，它激发了学生们对数学的兴趣和好奇心。我还将抽象的数学概念与具体的实体模型相结合，使用先进的教育软件来模拟真实的数学问题解决过程。通过这种互动和探究式的学习方式，学生们能够更深刻地理解数学概念和原理，从而将数学知识与现实世界联系起来。这种教学变化让学生在轻松愉悦的氛围中发现了数学的乐趣，同时也提高了他们的逻辑思维和解决问题的能力。

除了教书，热爱学生更是师德的核心。师爱，是教育的前提，这种爱不在轰轰烈烈的誓言中，而在平日教育教学的点点滴滴中。

作为班主任，我不仅关注学生的学业成绩，更注重他们的个人发展和情感需求。在日常生活中，我努力营造温馨和谐的班级氛围，鼓励学生之间相互尊重、相互合作。我重视学生情感教育和心理健康，定期与他们进行一对一的沟通，倾听他们的烦恼，给予他们支持和鼓励。我希望通过这些日常的互动和关怀，帮助学生建立自信，培养他们的同理心和社会责任感，让他们在成长的路上感受到来自班集体的温暖和力量。班级里有这样一个孩子，他刚上学的时候，各方面的习惯不是很好，也不会和同学相处，孩子在班级里几乎没有朋友，甚至出现了一些心理问题，孩子的家长也很担心。为了解决孩子的问题，我频繁和家长联系，沟通孩子在学校表现出的问题，寻求家长的配合。同时在学校我常常找孩子聊天，告诉孩子怎样做是正确的。除此之外，我经常做其他同学的工作，希望大家能给予他更多的包容，并认识到我们是一个集体。通过两年的努力，孩子进步很大，他现在已经能融入集体，及时完成作业，甚至在遇到困难时主动找我聊天寻求帮助。看到孩子在班级合唱大赛以及班操表演时可爱的脸庞，我不禁热泪盈眶。看到孩子们的进步，我内心无比欣慰。

就是在这样的教育环境下，学生们不仅在学科知识上取得了进步，更重要的是，在意志品质、情感交流方面也得到了发展。在教育教学工作中的探索，让我深刻感受到作为一名教育者的责任和使命，同时也见证了学生们由内而外的转变和成长。这只是辽附二中在"双减"时代下努力探索的一个缩影。教育的本质不在于华丽的外表或深奥的理论，而在于那些充满人文关怀和细腻情感的教育细节。就如同"真水无香"所寓意的，最朴素无华的教育才最能触及心灵深处，培养出真诚、纯粹的学生。

（辽宁师范大学附属第二中学　白琦）

在课堂中实践教学创新

课堂，不仅是我工作的地方，也是我心灵的庇护所，是一个可以尽情展现自我的舞台。每一次踏入教室，我都像是开启了一段奇妙的旅程。在课堂上，我不仅仅是一名教师，更是每一名学生灵魂的引领者，一个塑造未来的启迪者。每一次的教学，都是一次心灵的交流，一场智慧的碰撞。在辽附二中的这片沃土上，我深刻感受到了“真水无香”的真正内涵。

作为一名教师，我深知自己的责任不仅仅是传授知识，更应当引导学生们健康成长、快乐学习。自从国家实施“双减”政策以来，我和我的课堂也迎来了新的变化，我开始更加注重学生的全面发展和个性化需求。

在课堂上，我采用了分层教学的方法，根据每一名学生的学习能力和兴趣进行分组，针对不同层次的学生制订不同的教学计划，使每个学生都能有效学习，切实提高。同时，我调整了课程设置，将原本繁重的课程内容进行了合理删减，使教学重点更加突出、简洁明了。但这并不意味着放弃成绩，我在教学中始终秉持高标准、严要求的原则。不断激发学生学习的内在动力，我相信，只有当学生对学习产生了内在的兴趣和动力，他们才能真正享受到学习的乐趣，才能在学业上取得长远的进步。我也深知“纸上得来终觉浅，绝知此事要躬行”，实践是检验真理的唯一标准，所以我补充了一些实践性、探究性的内容，如科学实验、社会实践等，以此来提高学生的实际操作能力和综合素质。

除了在教学方法上的创新，我还注重培养学生的自主学习能力。例如，在学习物理时，我没有简单地让学生死记硬背公式，而是鼓励他们在生活中感受物理学的

"热力光电声",并将生活中的物理现象与所学的物理知识相结合。再如,通过观察自行车车把构造,让学生了解省力杠杆的运作原理;将近视镜和老花镜进行比较,使学生对光的反射和折射有更深刻的认识。兴趣化教学,既可以提高学生的思维能力,又可以开阔他们的视野,是一种很好的补充式的教学方式。

每次看到学生们渴望获得知识的眼神,我都努力想把我毕生所学教给他们。学生们也从不辜负我,上课铃刚一打响,他们就都整整齐齐地坐在教室里,准备好了书本;物理实验课后,总会有同学主动留下帮我收拾器材;每次学生们都会认认真真完成我布置的作业。这些平平无奇的小瞬间,足以让我感动很久。

在评价体系上,我也做出了相应的调整。过去,我过于依赖笔试成绩去评价学生的学习成果,现在我更注重过程性评价。我会观察学生在课堂上的表现,包括他们的课堂参与度、合作能力的呈现以及创新思维的表现等,并将这些纳入考查体系。这样的评价方式更加全面,也更能激励学生全面发展。

课堂,是我与学生相遇的地方,更是我与教育梦想相遇的地方。作为一名教师,我深知自己的责任重大。在这里,我不仅是知识的传递者,更是情感的倾听者、智慧的引领者。我会用心去理解每一个学生,感受他们的成长,用爱去滋润他们的心田。我也将继续探索更多符合学生发展需求的教学方式,让每一个孩子都能在轻松愉快的环境中学习和成长。我相信,通过我们教师的共同努力,一定可以为社会培养出更多德智体美劳全面发展的栋梁之材。

(辽宁师范大学附属第二中学　陈诗音)

向阳而生,逐梦并行

有一种我很喜欢的花,花语是信念、光辉、忠诚,它因会随着太阳转动而得名,它勇敢去追求想要的幸福,这就是向阳花。我眼中的学生也是向阳花,她们阳光而明亮,有着属于自己的坚定。我校体育课程是男女生分班制,我负责女生班,在追梦的路上,我们向阳而生,并肩前行。

营造阳光氛围,让教育灌输"活"起来

提到女生,再说到体育,这两个关键词一结合,很难不联想到见习。一节课有太多女生见习怎么办?让见习,其他女生看到她们不用运动,也会"随大流",慢慢地,见习人数越来越多;如果不让见习,会导致女生的情绪波动太大,也确实有一部分女生在特殊时期不适合进行剧烈运动。于是在慢跑热身环节,我将队伍变成二路纵队后,让需要见习的学生排在队伍后面,在身体状况允许的条件下,鼓励她们尽量跟上队伍慢跑一圈。前几节课实行下来,我心里也在打鼓:见习的女生能不能坚持慢跑一圈?但后来她们的表现让我感到"惊喜"。见习的人数渐渐少了,她们自动组成一队进行慢跑热身,而不是坐在场边当"观众"。学生是需要鼓励的,需要走入她们内心的鼓励。

培育阳光心态,让健康心理"亮"起来

每个人的优缺点不同,兴趣爱好也是千差万别,但是一个自信阳光的人将来无论从事任何行业,都是容易成功的。因为强大的自信心会指引他快速地找准自己的坐标，所以每个学生的健康成长都离不开自信心、良好的自我约束力和阳光的心态。为了培养学生阳光的心态，我在女生班的课上安排了这一内容——全班集体大接力。每名学生只需要跑50米。在这个项目上，全班同学没有一个缺席。我看到了平日里不愿运动的学生在要交接棒的时候大喊让上一个学生快一点，接棒后跑出了课上的最快速度。我看到了每一名学生都在争分夺秒，她们的自信和果敢满溢了出来。即使最后没有拿到第一名，也会在听到自己班级秒数时鼓掌，互相鼓励着彼此，约定着下次再挑战。这一刻，她们代表的不仅仅是自己，而是整个班级，任何人都不想拖后腿。她们是需要这个舞台的，特别是体育课的舞台。

厚植阳光精神，让体育运动“燃”起来

我曾在课上教女生们排球正面双手垫球技术，几节课过后，想看看学生们的实战能力，然而当我让学生们上场的时候才发现，学生是不懂比赛规则的。连最简单的站位，她们都不清楚，更不用提在场上奋起直追、拼命救球了。教学有法，但教无定法。在我看来，无论在课上说多少次顽强拼搏的意义，不如让学生们亲眼看看我们国家奥运健儿在冬奥会上的风采。这样学生学到的不是平时打球用到的技术动作，而是站在优秀运动员的视角体会为国家争光的拼搏之力。果然，当学生感受到运动强大感染力的时候，他们放下了之前的“偏见”，主动学习起了排球技术。

教育是场苦乐交织的修行，我会带着对教育的热情继续耕耘，与我所爱的学生们一起向下扎根，向上生长，向阳而生，逐梦并行，不负一路所遇温暖与爱。

（辽宁师范大学附属第二中学　赵晓晨）

阳光下的转变

——体育游戏和比赛对学生心理健康的影响

在体育教学中,体育游戏和比赛占有相当大的分量,游戏和比赛不仅能培养学生的创新精神、竞争意识,更能培养学生团结合作、热爱集体、遵纪守法等优良品质,而这些正是一个人健康心态的集中体现。

游戏不仅深受学生的喜爱,同时也为教师开展心理健康教育提供了良机。我在一堂课上组织了投篮游戏,其中有一个学生看到排在他前面的学生进球了,而他投篮时却没有进球,当时就对自己丧失了信心。恰在这时,刚才进球的学生嘲笑了他,两人因为此事发生了争吵。我看到这一现象,立即上前制止了两人的争吵,我先批评了嘲笑别人的学生,我对他说:“同学没有进球你应该给予鼓励,而不应该嘲笑他,你能投进说明你能力强一些,如果你能把你的经验教授给他,他还会和你争吵吗?”然后我又鼓励了没进球的学生:“没投进很正常,老师也有投不进的时候,不要气馁,找一找自己没进球的原因,是哪个动作没做到位?不要总是在意别人的成绩,你可以和自己比,这次没投进,下次能投进就是进步。”听了我说的话,两个人不仅不争吵了,那名嘲笑别人的学生还主动帮助对方纠正错误动作。心理健康教育就是润物细无声般存在于教学中。

良好的心理状态对于学习具有重要影响。在体育课堂上经常会有分组游戏,我常会发现有几个学生不愿参与游戏,只是坐在一旁观看,问他们为什么,大多都强调客观原因。通过调查我才得知,有的是因为心理孤僻,有的是因为体育成绩不理想,而没有人愿意与他们一组。针对这一情况,我亲自上阵,带领这些学生一起参加分组游戏,指导分组游戏的方法,并在巡视中不时地过问该小组每个成员的情况,及时表扬该小组成员取得的成绩。此外，还创设两人合作的游戏比赛，让这类学生在愉快的气氛中与同伴打成一片。这样日积月累，持之以恒，就能通过游戏帮助学生培养良好的心理状态。

学生在竞技体育中，难免会遇到挫折。在一次校级拔河比赛中，我教授的班级因为前一天的失利和班级最有力量学生的请假，整个班级对下午的比赛瞬间没了信心，所有人都觉得他们下午依旧会输。当我观察到这一现象时，便临时调整了上午的体育课教学内容，我教授了他们投掷实心球，在课堂上我通过鼓励式教学，充分肯定了他们的实力。“有的男同学投掷实心球竟然比老师还要远，你们太棒了！”“你们班学生投的实心球比下午和你们比赛的班级远很多啊，看来你们的力量比他们强不少，下午赢定了！”通过这一番话，整个班对下午的比赛都有了信心，最终在比赛中战胜了对手。事实证明，若能培养学生接受意外事件的能力，是可以增强学生的抗挫折能力和自我调节情绪能力的。

在体育教学中，教师应该注重体育游戏和比赛的开展，让学生在玩中学，在学中玩，这样不仅可以完成体育教学的目标，更能在无形中培养学生的心理健康。相信通过我们老师的精心设计和指导，学生们的体育兴趣和心理健康会得到更好的发展。

（辽宁师范大学附属第二中学　侯广宇）

把握学生心态，提升教学能力

——数学运算教学实践中的感想

时间过得真快，一转眼已经工作两年了，这两年我一直担任小学数学教师兼班主任的工作。在数学教学过程中，我有很多收获，也发现了很多问题，其中最明显的问题就是学生常在数学运算的过程中出错，而数学运算又是数学中最基础的部分，解决任何数学问题都离不开它，所以这个问题亟待解决。通过观察班级学生的情况，我有了很多发现，不断地思考后，我对如何培养学生运算能力有了更深的思考。

小学阶段的他们，尤其是我所带的低年级段学生，经常会出现运算时“马虎”的情况。其实在我看来，这种“马虎”是有根本原因的。

首先，注意力不够集中。低年级的学生无法完全控制自己的注意力，这就导致其在运算过程中常因做题不够专注、容易被外界吸引注意力而出现运算问题。我们班有一个学生，每次数学测验准确率都不高。通过观察我发现，在做题过程中，这名学生会被很多事情吸引。例如：同学的铅笔盒掉了、窗外有学生在玩耍，甚至其他学生卷子翻页的声音都会吸引他的目光。他的不专注，直接影响了他做题的准确率。

其次，口算不熟练且简算意识不强。在教学实践中，一些学生的口算能力明显不过关，口算速度慢且准确率不高，不能采用简便的方法。这些都是因为学生对数字的敏感度较低并且对数学算法的理解深度不够。我曾经出了一道计算题“99＋149＝?”。对于这道题，多数学生采用了列竖式的传统方法，只有少数学生用凑整法将99＋149 转化成 100＋150 来算，也就意味着只有少数学生具有简算意识，多数学生仍需提升简算意识及口算熟练度。

最后，很多学生没有养成运算后验算的好习惯。有些学生在运算过程中可能出现抄错数字或看错运算符号的问题。在某次班级小测验中，有一道题题目是“57÷5=?”，有学生错看成了“47÷7=?”，最终导致计算错误。如果学生计算结束后能进行验算和检查就可以避免这类错误的发生。

针对以上问题，有什么好方法来帮助学生们提高数学运算能力呢？通过和学生、家长们的沟通以及自我反思，我总结出了一些小妙招，效果也是立竿见影。

曾经我们班有一个孩子对我说：“老师我们每天怎么要做这么多的计算题呀？上课之前口算，课堂上、回家后还要练习计算，我都不爱算了。”这句话点醒了我，每天大量重复做一件事，成年人也会产生倦怠感，更何况是孩子呢？于是，我选择了每天限时五分钟计算，每天一页，完成后即可休息，全答对的学生获得一个小贴纸。自此之后，孩子们在计算的五分钟内都很专注，而且在计算后还能够反复检查，计算能力得到了明显的提高。定时定量练习，培养运算专注力就是我的第一妙招。

除了日常练习方法的改变，我的第二妙招就是采用多样的教学方式，激发学生运算兴趣。两年来，与学生们相处的过程中，我发现他们更喜欢上语文课，因为语文课课件上有很多美丽的图片，数学课的课件相对枯燥，大部分是算理的说明和需要思考的问题。所以，在数学课上我增加了一些让学生感兴趣的元素，例如闯关、男女生大比拼等游戏来激发学生的学习动力。在这些活动中，他们的学习积极性明显提高。

只利用课件吸引兴趣还不够，还需要教师正确引导，教师积极、正确的指引就是我的第三妙招。不盲目追求高速度，计算快而准才是最理想的目标。计算正确才是最基本的要求，在无法保证计算正确的前提下，做再快也是没有任何意义的。在平时的小测验中，我会多表扬那些计算认真、踏实仔细的同学，久而久之，班级里的同学都知道相比于计算速度，做得准确才是老师最看重的。慢慢地，班级里多数学生宁愿做得慢一些也要保证准确率，计算水平也有了显著的提高。

数学运算能力不是一朝一夕就能够提升的，尤其是对于小学生来说，有些问题需要老师反复强调才能记住。因此，作为一名小学数学老师要有耐心，能够适时地提醒学生，多和学生沟通，多反思，只有这样才能够了解学生内心想法和问题所在，从而找到适合的教学方法。

（辽宁师范大学附属第二中学　周泽汀）

教育从点滴中升华

任职以来我一直承担低年级段的体育教学工作，这个年龄段的学生正处于注意力不集中、活泼好动的阶段。在“双减”政策的指导下，如何提高学生注意力、激发学生潜在能力并且达到锻炼效果成了教学过程中值得思考的问题。回忆起我与学生之间的点滴，有过严厉，有过欢笑，又有相互的羁绊，但是教育恰恰就是在这些点滴中得以升华。

低年级阶段，训练队列队形是老师们较为头疼的教学任务，但也是必须完成的。队列队形的训练会让学生振作精神、集中注意力、严明纪律、提高整齐度，并强化队伍调动的规范性、合理性，提高教学的时效性。所以低年级阶段学生队列队形的训练成果，直接影响到以后的教学进程以及学生本身的素质发展。

队列队形训练稍显枯燥，对于正处在“贪玩”阶段的学生来说更是如此。我想要运用合理的方法，让学生明白教师的用心，让学生感同身受，从而达到积极主动地学的目的。首先身为教师的我，要给他们做出一个好榜样，从立正姿势说起，要让学生真切地看到教师在大家面前一动不动。若有人坚持不住了，就要用一些“小手段”来激励他们。比如：做得好的学生可以获得更长的休息时间，其余学生看到了，利用其小小的争强心理，或者说是羡慕心理，自然也会做好。适当的鼓励也必不可少，学生心里是想在老师面前做好，得到老师的表扬，在其他学生面前也会有成就感。教师要用言语让学生感受到老师与他们同在，上课不是为了为难学生，而是真心地想让他们学到东西，提升素质，对以后有所帮助。课程要求或是一些惯例可以和学生说，比如：夏天选择阴凉处上课，教师要面向阳光，学生背对阳光。高强度运动后要及时测量脉搏，运动后喝温水，不要马上吃东西等等。

练习次数过多会枯燥，会让学生感到厌烦。采用丰富并且有特色的教育方法才会事半功倍。比如练习正确的立正姿势，我会让学生双腿之间放一张纸，看看谁能夹住，不让其脱落，其实是变相地让学生注意到自己的腿部动作，学生之间也会暗自比赛，有了竞争意识。学生同时也会主动理解立正姿势，双腿怎么样才能夹紧呢？需要脚跟并拢，脚尖分开。学生的头顶处放一张纸，不让其落地，学生可以充分体会到“头正，颈直”的要点，锻炼学生的平衡能力与空间感知能力，一举两得。再如集合与解散练习中，排头学生至关重要，他们集合速度够快，其余学生自然也快。要让排头学生意识到自己的标杆作用并且主动做好榜样，可通过轮换排头、教师评价的方式让每个人都能感受其重要性，体验成功，并以身作则。这样既提高了学生学习的积极性，又提升了动作质量。

在新一轮基础教育课程改革的体育教学中，必须依据学生的年龄特征和心理特点，结合学生的生活实际，创设出有助于学生自主学习、乐学、爱学的情景。学生通过观察、模仿、交流等方式获得知识技能，提高思维能力，增强身体素质，培养意志品质，教育便从点滴处升华了。

（辽宁师范大学附属第二中学　朱子盛）

记录改变，镌刻美好

白驹过隙，时光荏苒。上班伊始仿佛还在昨天，回过神来才发觉距今已半年有余。在这半年的教学生涯里，令我印象最深刻的就是五班那个有点腼腆又有些调皮的男生——小钧。因为他的出现，我记录了一些专属于课堂的小美好。

第一次见到小钧时，他身上那种谨小慎微的气质，让我不由得对他有几分怜惜。为什么我会留意这样一个小男生呢，因为他的气质跟我小时候特别相似，我不希望未来我教出来的学生像我小时候一样唯唯诺诺，缺乏勇气和决心。所以，我当下便决定要用鼓励式教育来温暖他的学习生涯。因此，第一节课学法指导，我的第一枚奖励粘贴送给了小钧，这让原本坐得不太端正的小钧立马端正坐姿，他大概是想借着来自小粘贴的肯定，给旁边同学树立一个好榜样。与此同时，旁边同学的反应却是一阵唏嘘，仿佛认定了小钧是班级里的后进生，是不应该得到认可的。我却认为越是这样胆小怯懦的学生，越需要老师的鼓励，否则，会打消他们上课的积极性，甚至消磨掉他们在老师和同学面前讲话的底气。之后的每节课，我坚持给他言语奖励或是参加课堂活动的优先权，渐渐地，小钧在课堂上主动地规范自己的言行举止，也积极配合班上的课堂活动，认真背诵课文和单词。学生能够在学习课堂知识的同时，慢慢养成好的学习习惯，我感到十分欣慰。

然而，一味的奖励会给学生带来不用努力就能被认可的错觉。学期末到了，一次快要下课时，我看到小钧和同桌交头接耳，我让其他同学先小组讨论，然后走到他们旁边一问才知，是小钧和同桌在玩猜字谜的游戏，我当时有点失望，一瞬间怀疑我的宽容和鼓励对学生而言是不是一种放纵，但是，小钧很快就低下头认错了，我随即告诉他上课不认真听讲的坏处，晓之以理，动之以情，并借机对他从前的表现给予肯定，我表示他是班级里表现最好的同学之一，老师肯定他认真、积极的学习态度，并希望他给周围同学树立榜样，不要辜负老师对他的信任。

从此，小钧在课堂上的表现更加认真积极，而且他的个性也渐渐开朗起来，我很高兴看到他在学校足球比赛中大放异彩，和同班同学一起配合，拿到了年级第一名的好成绩。看到腼腆的小钧渐渐自信开朗起来，我就仿佛看到从前那个自闭而胆怯的自己，穿过时间的长廊得到了救赎。我很庆幸成为一名教育工作者，能够润泽那些胆怯而幼小的心灵，给予他们关爱和鼓励，相信茁壮成长的不止是幼小而稚嫩的身躯，还有腼腆而怯懦的内心。

当一个个内向的眼神慢慢变得自信昂扬，我想这就是素质教育的信条在师生关系之间发生作用的结果。很多没有记录的事情就像没有发生过一样平静，我希望铭记着这些事情，以这种方式镌刻下润物细无声的点点滴滴。

（辽宁师范大学附属第二中学　李建利）

温情育人，律动成长

每天清晨，当第一缕阳光洒在操场上，我的心情总是格外澎湃，因为我知道又将与那些纯真的笑容相遇，与那些充满活力的小身影共同探索成长的秘密。

在辽宁师范大学附属第二中学，体育教育被视为一项“至高的使命”。践行“双减”的要求，我们的团队在教学中力求减轻学生的学业压力，注重学生心理健康的培养，因为，我们不仅仅是技能的传授者，更是学生成长道路上的引导者和关怀者。运动技能需要不断练习和磨炼，需要面对失败和挑战，在每一次的失败中，我鼓励他们坚持不懈，勇敢尝试，不断完善自己，直至成功。与此同时，注重培养学生的团队合作精神和竞争意识，让他们相互帮助，共同进步，让每个孩子都能在体育课上找到自己的价值和快乐。

一次体育课上，我注意到一个学生神情有些疲惫。我主动上前询问他的情况，得知他身体不适，但因珍惜体育课程，依然坚持前来。因为他的坚强和执着，我向他竖起了大拇指，为他点赞！但身体要紧，我还是安排他在一旁休息，嘱咐他要好好照顾自己，实在不舒服，马上与老师沟通。在接下来的课程中，我看到他专注地望向我们，时不时起身模仿练习动作，我深感满足与欣慰。体育课程不仅是技能的学习，更是性格的磨炼和人格的培养。教师在注重培育学生身体素质的同时，应同样注重培养学生的意志品质和坚韧精神。

在体育教育中，我不仅是他们的老师，更是他们的朋友和倾听者。每次与孩子们交流，我都尽力聆听他们内心的声音，倾听他们的困惑和烦恼。有时，他们会向我倾诉学习上的困难，有时则是生活中的烦恼。我尽力给予他们建议和鼓励，让他们感受到温暖与支持。这种师生之间的信任与理解使我们的关系更加紧密。一次一个孩子的家长主动联系我说:“晚上吃饭的时候,我家涵涵告诉我她特别喜欢你,原因是姜老师喜欢每一个同学。”家长和学生的反馈让我真正感受到了这个职业带给我的幸福与满足。

身为一名小学体育老师,我们肩负着温情育人的重任。课堂上鼓励他们积极面对挑战,勇敢追求进步,希望每个学生都能在轻松和愉快的氛围中茁壮成长。在与学生相处中,我注重倾听和理解,以建立良好的师生关系,关心爱护学生们幼小的心灵,希望成为他们的倾诉对象和坚实的支柱。这种亲切与关怀,不仅教给他们如何运动,更教给他们如何成为一个有情怀、有责任感的人。

我们的工作或许平凡,但充满了温暖和希望,我深信,点滴的启迪将铸就学生未来的辉煌。愿我们的教育之路,像清水一般,真挚而纯净,散发着温暖和希望的光芒。愿每一名学生在生命的律动中茁壮成长,用心感受着成长的甜蜜,散发出属于自己的光芒。

(辽宁师范大学附属第二中学　姜菲雨)

让每一朵花从容绽放

时间在忙碌而充实的工作中缓缓流逝，在弥漫的白色粉屑中飘荡穿梭。这期间，总有一缕阳光穿透云群，照亮我们的脸庞，温暖我们的心灵。

回想起两年来的教学工作，我的脑海里时时萦绕着那些天真活泼的学生们的身影。每一个学生都是一朵花，在没有盛开的季节，我们要做的就是用爱与暖等待花朵绽放。美术是学生们喜爱的科目之一，他们可以插上想象的翅膀，自由驰骋，以自己独特的视角和方法，将心中的那个美丽世界用画笔勾勒出来。

美术具备天生的感染力，能够为人带来自由、自信和希望，同时美术更如同神奇的魔法，可以提升认知和塑造性格。我的课代表小然，在三个学期的美术课程学习后，从最初的缺乏自信，到如今擅于积极思考，踊跃发言，他的变化令我惊叹不已。初识小然，是在八年级开学后的第一节美术课上。当时小然凭借着扎实的美术基础，当选了美术课代表，但始终和我保持着距离。直到有一天，小然跑过来对我说不想再当美术课代表了，我深表疑惑，不明白其中的原因，但我想他一定有苦衷。于是我以安抚为主，旁敲侧击找寻缘由为辅，想通过倾听了解其内心的想法，但是仍未果。后来我向小然身边的同学问询，与班主任沟通，探究小然突然要求卸任的根本原因，讨论有针对性的解决对策。

后来我听说，小然上一次的美术作品没有画出满意的效果，他认为课代表需要起到表率作用，是班级的排头兵，但自己的画作没有达到预期的效果，看到其他班课代表的作品，感觉自己辜负了老师的信任，由此变得沉默寡言了。了解了事情的经过，我找到小然，对他的画作进行了点评与指导，告诉他："你的作品非常有特点，禁得住推敲。绘画本没有唯一的规格和标准，也没有对错。你的作品记录着你当时的心情，也传达着你独特的审美感受，更是你的创作风格的独特呈现。”小然好像听进去了我的话，没再提不想当课代表这件事。之后的课堂，我对他的画作评价以鼓励为主，在他的风格基础上有针对性地让他发挥想象，尽情创作。在一次又一次的尝试后，一天，小然竟主动找到我，在完成日常课代表的工作之后，他为我展示了一幅周末外出写生的画作，并伴着丰富的肢体语言为我阐述了画作的构思与绘制过程。小然的突然变化令我惊讶，从沉默少言，到敢于展示，再到表达清晰，属实可喜可贺！我问起他周末写生的具体情况，他同我聊起周末写生期间发生的趣事，滔滔不绝。小然的进步仍在继续，他不但每次上课都能主动与我互动，而且在课堂上还会积极举手，发表自己的见解，作品也越来越充满个性与创意。

在他身上，我获得了作为一名教师的成就感和幸福感。在未来的教学中，我将继续运用美术专业知识，发挥美术课的神奇力量，默默培育，让每一朵花从容绽放。

（辽宁师范大学附属第二中学　耿丽宇）

爱国的教学，灵魂的教育

这是八年级历史上册的第18课：《从九一八事变到西安事变》，主要介绍九一八事变、抗日救亡运动兴起和西安事变和平解决几个历史事件，以激发学生的爱国主义情感为核心。那么如何从一开课就吸引学生回到那个年代，体会在全国熊熊燃烧的抗日救亡烈火，让学生重温永不消逝的战歌，在潜移默化中感受到中国共产党的高瞻远瞩，感受到中国人民的抗日爱国精神呢？为此，我进行了精心的设计。

上课前我先播放了歌曲《松花江上》："我的家在东北松花江上……从那个悲惨的时候，脱离了我的家乡，抛弃了那无尽的宝藏，流浪！流浪！"

曲调旋律的悲戚初步感染了一些学生的思绪，于是我接着说："这首传唱东北的《松花江上》道不尽东北人民流亡他乡的苦难，歌唱者说自己被迫离开家乡，那么是什么原因导致他离开家乡流浪的呢？"

学生：九一八事变。

教师：谁能为大家介绍一下九一八事变呢？

学生朗读了课文第一段。

我本想先用歌曲渲染铺垫，然后让学生通过朗读课文更深刻体会九一八事变中日本侵略行径的可恶与卑劣，从而燃起学生灵魂深处的民族意识。然而，课堂上学生"不动声色"的表情让我惊讶，此时此刻，当年日本的卑劣侵略行径并没有在眼前的这些孩子们心里激起丝毫的不满和震撼，民族意识没有被激发，没有达到预想的效果。

下课后我不禁一直想，怎么让学生"知国耻而后勇"呢？经过反复琢磨，我尝试着再举个例子来解释，拉近历史与学生的距离，让他们体会到九一八事变的内核，燃起他们心中本应具有的民族意识。于是，下午的课我尝试了自己新调整的教学设计。

教师：刚才某同学为我们简要介绍了九一八事变的经过，由九一八事变我想到了一个"主人和邻居"的案例。一日，主人在家中看电视，忽然邻居破门而入，将主人家的电视机举起砸坏，然后声称是主人将电视机砸坏，二话不说上前将主人打了一顿，还把主人赶了出去，趁机霸占了主人的家。

当我讲完这个小故事后，课堂上顿时热闹起来，学生议论纷纷，显然他们对"邻居"的无理很感兴趣，抓住这个时机，我立刻将这个故事与九一八事变联系起来，将学生的注意力吸引过来，为整节课的抗日爱国情绪的激发做好了铺垫。为此我又精心设计了三个环环相扣的问题进行分析。

教师：这个小故事不是九一八事变的历史原貌的映射，但它的情节却深刻地蕴含了九一八事变中日军攻击我方的无耻嘴脸，我们一起来分析一下它与九一八事变的相似之处。

第一问：主人在自己家即使砸了电视机与邻居有没有关系？（学生齐声：没有。）那么中国人在自己的土地上破坏铁路与日本有没有关系？（学生齐声：没有。）

第二问：在什么情况下邻居有理由到主人家里质问？（学生1：主人跑到邻居家砸了邻居家电视机。）那么在什么情况下日方攻击我方是有理由的？（学生2：如果我们去日本炸了铁路，双方有理由开战。）

第三问：从案情真相看，到底是谁砸了主人家的电视机？在此事件中经过一番预谋进行挑衅的案犯应该是谁？（学生齐声：邻居。）到底是谁炸了南满铁路柳条湖的一段铁路？（学生齐声：日本关东军。）那么日本关东军是否为有预谋的挑衅呢？（学生：是。）你有什么证据证明日本是有预谋的呢？（学生从书中找到了答案。）

课堂到这里，学生全部被我精心挑选的故事和设计的问题吸引了，对三个问题的回答学生异口同声。学生仍旧把目光投向讲台，期待下一个问题的出现。此时，我也被学生的表现感染了，与他们一起再次回到战火纷飞的年代，我继续用小故事吸引学生。

教师：假设故事中的"主人"是蒋介石，遇到"邻居"如此野蛮的做法时，他应该做怎样的反应？

学生：应该反抗，维护自己国家的利益。

教师：而事实上蒋介石是怎样做的呢？（学生立刻在书中寻找起来。）

学生：蒋介石致张学良密电：不抵抗政策。

教师：最后我们看一下故事的结局：在被“邻居”打了一顿后，主人奉行“不抵抗政策”，从家中搬了出去。那么东北的“主人”有什么行动呢？

学生：九一八事变后，张学良奉行蒋介石的不抵抗政策，把部队撤到山海关内，东北三省沦于敌手。

教师：那么，东北沦陷后，最直接的受害者是谁呢？他们遭受了怎样的苦难呢？

学生：东北三省沦陷后，最直接的受害者是东北3000万同胞，在日军的铁蹄下受尽凌辱。

此时，学生似乎感受到了东北人民面临的国破家亡、流离失所的苦难，陷入沉思。为此，我没有按原定计划继续往下讲，而是根据课堂气氛，再次播放了《松花江上》这首歌，配合屏幕上的东北人民逃离家乡的图片，让学生从低沉的旋律中共情当年东北人民的颠沛流离。无需再多的语言，学生心中已经升腾起一股抗日救亡的烈火。由此我也收到了意想不到的效果，水到渠成地为下一个事件的讲述铺平了道路。此后，一气呵成，顺利完成“抗日救亡”和“西安事变”的教学，爱国主义情感一轮一轮地被推向高潮。

下课铃响了，学生还是意犹未尽。几名同学跑到我的面前与我继续讨论着九一八事变和西安事变……

学生的感情被点燃了，课堂活跃了，历史鲜活了，我的心里充满了对学生的信任和对民族的希望，走出课堂，反思学生的表现，心里给学生点赞，同时也给自己的“精心布局”点上一个大大的赞，上完一节“舒心”的课，作为教师的自豪感油然而生。

苏霍姆林斯基说：“教师如果不想方设法使学生产生情绪高昂和智力振奋的内心状态，就急于传授知识，那么这种知识只能使人产生冷漠的态度，而不动感情的脑力劳动，就会带来疲倦。”还好，自己认识到了这一点。

如今实施新课程改革，确实对教师提出了更高的要求和挑战。教师不仅仅是教材的审读员，更是学生知识建构的促进者、学生成长的引领者、教学艺术的探索者、学生灵魂的唤醒者……作为教师，我们在这条道路上的探索没有止境，只有努力。

（辽宁师范大学附属第二中学　张春丽）

上善若水

——我和我的班级

一年又一年，你从来处来，又往去处去。
最能为你做的就是温柔以待，曲直不嗔。
甘霖可润物，滴水亦穿石。

牵着蜗牛去散步

曾经读过张文亮先生的《牵一只蜗牛去散步》，我愿将学生比作文章中的“蜗牛”，而家长、老师则是文章中的“我”。很荣幸，我是一名教师，每天的任务就是“牵着蜗牛去散步”。“蜗牛们”在成长的道路上会流汗、流泪、受伤，我也曾像所有的父母一样，不断地催促他们往前走，可是他们经常不买账，甚至无动于衷。爱之深，责之切，急于责备、愤怒的同时，我似乎忘记了去感受陪伴学生成长的乐趣。在“双减”政策的影响下，我细思过往，虽然“小蜗牛们”常常走得很慢，但在漫步的过程中，恰恰是他们让我停下脚步去欣赏周遭的美丽风景——轻柔的夜风、漫天的星斗、清脆悦耳的鸟叫虫鸣……而这些美好的事物，常常被大人忽略。所以，何尝不是“小蜗牛们”牵着大人去散步呢？

操场的肥皂泡

2023年4月24日，天朗气清，学生们精神抖擞，准备和我共同完成公开课展示活动。我们学习的课文是冰心的《肥皂泡》，授课过程中一个环节需要学生们拿出自己提前准备的肥皂水吹泡泡，当时教室的桌椅、书包，学生们头发、衣服上满是肥皂泡。学生很兴奋，我却很紧张，担心学生们彻底放飞自我，于是我紧急叫停了活动。事后教研员评课特意指出，应该让学生们在课堂上尽情地吹泡泡，在此过程中观察、体味肥皂泡的美丽，感受吹肥皂泡的乐趣。为了弥补教学遗憾，我带学生们到操场自由活动，霎时间操场弥漫起了大大小小的肥皂泡，七八年级的大孩子也跑来一起抢着吹泡泡，欢声笑语一片，还有学生大声告诉我：“老师，肥皂泡真的是轻清透明的！真的有五色的浮光！是颤巍巍的！”那一刻，我的遗憾不仅没有了，还收获满满，操场上身穿白衬衫佩戴红领巾的小小少年们，更是唤醒了我久违的童年回忆。

那日云景好

2023年10月19日，余霞成绮。记得那天傍晚在班级看托管，学生们在安安静静地写作业，我在埋头批改作业。突然，教室里发出了窸窸窣窣的声音，我依旧像往常一样边批改边提醒学生让他们认真完成任务。终于有人忍不住小声儿告诉我：“老师，外边儿有火烧云！”大家瞬间躁动起来了，议论纷纷，眼睛恨不得贴在窗户上往外看，作业是写不进去了，索性允许他们下楼观赏火烧云。我和学生们一路小跑下楼，生怕它转瞬即逝。红霞散天外，掩映夕阳时，放眼望去，大家感叹着大自然的鬼斧神工，机灵的学生还不忘提醒其他人：“萧红没骗人，火烧云一会儿一个样，有茄子紫，葡萄灰！”逗得大家哈哈大笑。是呀，真实的生活才产生有生命的课堂，我要感谢“小蜗牛们”，带我翻阅生活这本大书，提醒我在忙碌工作之余记得停下脚步看远山暮海，流云绯霞。

教育是一场漫长的旅程，就像牵着一只蜗牛去散步一样。我们可能会落入“急功近利”的陷阱，因为学生没有尽快达到我们设定的标准而恼火。与其如此，不如用平和的心态、率真的眼光、独特的视角陪着他们静静体味多彩的生活。这其中成就的，何止是学生呢？

（辽宁师范大学附属第二中学　刘丽冉）

润物有声，播种幸福

唐代韩愈《师说》里提出“师者，所以传道受业解惑也。”加上近年来“双减”政策的落地与实施，对教师提出了更高的要求。作为班主任，每天接触的是几十颗等待滋润的心灵。如何使这一颗颗心灵健康成长，就要充分考虑他们的心理情况，时刻帮助学生消除负面、懈怠的学习心理，战胜各种心理障碍，激发他们积极的生活态度。因此，合理有效地将教育心理学应用于教育教学中就显得尤为重要。积极心理学是20世纪末西方心理学界兴起的以塞里格曼、谢尔顿和劳拉·金为代表的一股新的研究思潮，是致力于研究人的发展潜力和美德等积极品质的一门科学。我深入地学习和研究积极心理学理论，并将其应用于实际的教育教学当中，实现了引导学生用积极的心态去探索内心的正能量，唤起了他们对幸福生活的热爱与追求。

学生小Y，脾气暴躁，倾听习惯差，学习态度散漫，做作业时不积极，注意力很不集中，字迹也相当潦草，最让人头疼的是他的心态上有点“破罐子破摔”的趋势。天天把“我要保持倒数第三！我要做常年倒数第三！”“我妈说我听不懂人话。”“我爸说了，生我就是为了打骂出气的。”“我就是不行，我就这样了！”这样的话挂在嘴边。对他我真是又心疼又无奈，想着或许他是根“不可雕的朽木”，但又觉得身为班主任，不能有困难就退缩，不能因为自己的无助无力，就轻易放弃一个学生，我必须直面现实。于是，在深思熟虑之后，我决定选择积极心理学的理论，尝试脱离情绪去看待小Y的问题，调整一下教育策略。

第一阶段:调整自己,对学生保持热情、充满信心

美国有一个很著名的“罗森塔尔效应”,实验结果表明教师对其期望高的学生,会用温暖的眼神或肢体语言,将信号在无形中传递给学生,而学生也能感受到老师发出的信号,即老师对自己的肯定、欣赏,从而变得更有信心,更加努力,这样就会形成良性循环,促进学生的进步。教师无意识中对学生的态度,会对学生的学习产生很大的影响。所以,我调整好自己的状态,仔细地罗列了小Y的优势,比如表达能力强、为人热情善良、喜欢阅读等。真正地赏识他、认可他,时刻以积极的态度面对他,保持热情,充满信心,也对他有合理的期望。

第二阶段:科学运用积极评价,为学生贴“正面”的标签

积极心理学认为,人是靠自己的优势生存下去的,当一个人极度否定自己的时候,各种问题都将变得棘手而得不到解决。也如同想把一片荒草锄尽,最好的办法就是种上一片鲜花。所以我想尽一切办法,在日常一切行为中找到他的亮点,进行表扬,点燃他内心的希望。有一次数学课上,我讲得热情高涨,同学们学习得热火朝天,小Y却始终游离在课堂之外,双眼发直,显得黯淡无光。我提出一个非常简单的问题喊他回答,只见他慢吞吞地站起来,很是不情愿,脑袋一歪,什么话也不说,一副无所谓的样子。我憋住火,搜肠刮肚想了一句表扬的话:“这次老师叫到你,你很快就站起来了,说明你在听老师讲话,这进步可太大了!老师相信下次你一定能表达自己的观点!”就这样我一次一次地喊他起来回答问题,只要小Y能嗯一声,我都夸他有进步,经历了几天若干轮的找亮点表扬,贴上“自律”“有智慧”“会倾听”“善于思考”等这样的标签,我终于看到数学课上和我对视,偶尔竟能高举小手的小Y了!而我也会立刻给予回应,请他作答。当时他可能是有些紧张,结结巴巴的,答案也完全不正确,但是我从积极心理学的理论角度肯定了他的进步,哪怕只是极小的优点,还给予了小粘贴奖励。现在他上数学课时的眼神终于不那么游离了,还喜欢上了与老师互动,甚至举手都站着举,变化很大。

课间我也找机会与小Y聊天,我说:“咦,最近上课状态很好!对老师的话理解得也非常透彻,真是长大了!能听懂话了!”小Y撇撇嘴说:“我妈妈昨晚刚骂完我,我就是听不懂人话!”我说:“看你妈妈说的,你就非常能听懂老师的话呀!你看刚才上课回答问题，你表达得多精彩，我认为你很能听懂我说话，哪儿听不懂人话了？"说完，我们师生相视一笑，在他脸上，洋溢着被信任、被肯定、被理解的满足。

课后，我多次做家长的工作，建议对孩子的评价语言做到家校一致。还建议孩子留在学校上课后服务，这样也能在老师的积极肯定中完成家庭作业，形成学习中积极肯定的闭环。他妈妈非常高兴地同意了。就这样，我的表扬又延续到了课后服务。明明《数学能力培养》上的作业一大部分都是错的，但是我仍然鼓励他："这道题你对了一步！你说你多厉害！进步很大了！就差这一点点，你看，如果这样想，就能全对了，去试试吧！""呀，这道题你都能有这样的思路，你理解力真是越来越强了！如果计算再仔细一点，就完美了！看，老师帮你改一下……""这样，就可以了！明白了吗？快去自己重新做一遍，你超棒的。"就这样，我拿出教儿子幼时走步时的耐心和爱心，把所有否定的话都变成积极肯定的正向语言，小Y的上课状态越来越好，我们师生之间的关系也越来越亲密。当然，他的倾听与理解能力还是有待提高的，每当有相关问题出现的时候，我会积极地肯定他："你能听懂别人说话，只是没有掌握听的技能，来，老师教你。当有人说话的时候，一定要看着对方，耳朵和大脑同时运转，边听边想对方要表达什么。"此时我对"亲其师，信其道"的感受非常深刻。那就是当学生觉得你信任他的时候，他也会百分之百地信任你，接纳你的建议，并做出尝试。要知道这样的话我跟他说了三年，如今仅仅是我同他说话方式和情感变化了，他终于愿意去改变，这是心与心之间爱在流动的力量，让我很感动！表扬并不会使学生骄傲、飘飘然，打压也并不能让学生发自内心地想改变。教师的鼓励和表扬，对孩子而言，是极其稀有的信任、认可、理解和接纳。每天从积极的角度给孩子贴一些正面的标签，如同充电般将力量充入心田，深深影响着孩子的一举一动。在课后服务的学习过程中，小Y从最后一个写完作业、需要一对一单独检查到现在前几名完成作业，还能帮助老师检查他人作业。在最近一次数学测试中，他从全班倒数第三名考进了前十五名；放学时如果他有个别学习任务没有完成，老师赶都赶不走，一定要收好尾再离校。这翻天覆地的变化让小Y成为班级进步"最靓的仔"……

原本，我只是想找到小Y的优势来扬长避短，让他不再消极，但通过使用积极心理学的教育方法，意外地让学生取长补短，更加全面地发展。我想，"双减"政策的要求不仅仅是课堂的策略优化，更是课后的真心陪伴吧！如果说爱是教育的源泉，爱的语言更是不断注入的能量。老师从积极、正面的话语和持续的关切中，让学生真切感受到别人对他的爱、理解、尊重、信任与认可。这些有声的“种子”种入心田，使每个学生用积极的力量去挖掘潜力，发扬优势，获得美好，盛开幸福之花！

（辽宁师范大学附属高新区实验学校　王显红）

严管厚爱，温暖陪伴

有人幽默地说，班主任是世界上最小的主任，却担负着最大的责任。这样一个独特的工作岗位，让我们肩负重任、倍感压力。但同时，也让我们深感光荣与自豪，真正享受教书育人带来的充实与快乐。

工作几载，我也积累了一些管理班级的小窍门。

严——严纪律、严习惯

七年级上半年我的工作重点是抓纪律，抓习惯。在开学第一天我就立下课堂的规矩并督促执行。规矩不在于多，主要在于执行，再找出一个班级的“领头羊”配合我工作。在“领头羊”的带领下，我的工作也越来越轻松。纪律好了以后便是抓习惯，虽然他们是初中生，但是他们的习惯并不是很好。例如：交卷子不写名字、不会打扫卫生、不会整理内务等。我会明确地告诉他们要求，比如：名字的格式要求、打扫卫生落实到个人、定期检查他们的书桌和书包……能细化的工作尽量细化，两个月后，班级面貌焕然一新。

细——细观察、细了解

班主任在融入学生生活的同时，也要不停地观察学生，不仅仅是观察学习任务。今天有一个女同学的发型由马尾辫变成了麻花辫，我会问她，今天是不是妈妈给梳头了？孩子会很惊喜于班主任对她的关注。观察归观察，但是不能关心过度。一次我坐班时，突然两个学生大吵起来，我不会马上处理，对学生的关心不能过多，这种小事,我相信他们能自己解决。最后不到一节课的工夫,两人又和好了。所以现在我基本不操心班级的琐事,即使找我解决,我也是先解决他们的心态而不是事情,这样问题能解决得更有效率。久而久之,孩子们也知道,他们可以选择自己的解决方式。

并不是所有的事情都可以延迟处理,不能纵容更多的人去打烂更多的窗户玻璃,这也就是我们常说的“破窗理论”。有一段时间,班级男孩热衷于一种“扒裤子”游戏,有时在卫生间,有时甚至在教室。我发现苗头后,告诉他们从此刻开始,但凡进卫生间嬉闹,我就在门口通报,班级、学号、名字都会喊全。另外,但凡在教室有不雅行为,就在全班同学面前展示,我还会邀请其他班学生一起观看。自此,不文明的行为销声匿迹。我也趁此机会教给学生青春期的相关知识,不放过任何一个恰当教育的机会。

总而言之,班主任只有练就一双善于观察的火眼金睛,才能掌握教育的主动权。

“双减”背景下,班主任的工作重点是如何减轻家长和学生的焦虑,做到“减负不减质”。除了要细心观察学生,还要系统地了解学生,要了解他的家庭环境、他的兴趣爱好等。比如要了解最基本的家庭成员问题——父母是否在一起,家里是否有老人,是否有二胎……当我们全面系统地了解了孩子的情况后,就有了科学分析、“对症下药”的重要基础。

我们班有位 H 同学,学习习惯不佳,引起了各科老师的关注。在我跟老师们侧面渗透了孩子是单亲家庭,并且目前自己一个人生活等情况后,他们会更加关注这个学生。虽然目前成绩依旧不理想,但他可是我们班的优秀政治课代表,是个学习认真、积极向上的大男孩。

了解学生的方式有很多,不需要每次都是正式的谈话,看似无意的闲聊,学生往往会在轻松的状态下涌出一些发自肺腑的感受。我坚持每天跟两个孩子聊聊天,那么一周就是十个孩子,一个月我便可以和全班孩子沟通,了解每个孩子近期的思想动态。

巧——巧借优势,适当偷懒

女班主任特有的性别优势——适当示弱。我和我的第一批学生同时步入初中,我们有着不同的个性和习惯,一同度过了半学期以后,我觉得班级没有凝聚力,孩子们跟我不是一条心。但在一次元旦晚会上情况有了转变,当时因为疫情,我们没有布置场地,也没有任何外援,全靠孩子们临时拼凑起来的节目撑场,甚至开场词都是临场发挥的。就是这样一场晚会,孩子们给了我很大的震撼,最后总结发言的时候,我不禁泪目了。我告诉孩子们我是一名新老师,学校有这么多优秀的老师,我和你们一样也有压力,我怕我带不好你们,但是我们一起度过的这半学期让我觉得我们未来是有希望的。

自此之后,我们班的孩子才算彻彻底底地信任我。所以,适当的示弱是一种方式,甚至有时候我会"耍赖",这都是女班主任独有的优势。有时候答应孩子们今天英语不留阅读部分,但是作业少的时候我会食言。如果男孩问我为什么加了作业,我就会说:"女生的心都是海底针,你们男孩子摸不透。"女孩问,我会说:"女孩子不要轻易相信别人说的话。"在一声声哄笑中,孩子们也不计较作业的多与少,心甘情愿地接受了。所以,不管是示弱还是耍赖,只要有利于教育,何乐而不为呢?

总之,教育是一场修行,是一场漫长而又幸福的修行,是一场爱与被爱的修行,修的是孩子,修的更是我们自己!我们遇到的每一个孩子,无论优秀还是平凡,勤奋还是调皮,是孺子可教,还是不可教,都是我们教育生涯中一段不可磨灭的经历,而这每一次经历都在让我们不断成长。愿我们都能在教育这条大道上,遇见美好,遇见幸福。

(辽宁师范大学附属第二中学　贾宇鸣)

活成一道光

把自己活成一道光，因为你不知道，谁会借着你的光，走出黑暗。

——题记

“教书育人”是教师的使命，但我觉得“育人教书”更合适些，“育人”大于“教书”。前几天翻看毕业班的照片，目光停留在了小A身上，思绪回到了两年前。

体育课后，体委向我汇报女生的一分钟跳绳任务未完成。一问得知，课上，老师需要一名同学来计数，大家你一言我一语，迟迟选不出人选。这时，小A自告奋勇要给大家计数，可是所有同学都不愿意让小A来计数，小A默默地低下了头，回到了队尾。由于原生家庭的关系，小A性格孤僻不合群，没有同学愿意与她玩。所以，我经常与她谈心，和她做朋友，同时鼓励周围同学主动和她交朋友，但在我看不到的地方她还是被孤立了。

在学生时代，我也见到过类似情形，我深知当大部分学生不约而同地孤立一个学生时，很容易导致这个学生的心理扭曲。如不及时加以正确的引导，很有可能会埋下校园暴力的种子，这对施暴者与被施暴者都会造成长远且恶劣的影响，尤其是发生在十二三岁三观开始形成的年纪里。

此时，召开一次德育班会的念头在我脑中萌生。说干就干，当天下午自习课，我对同学们说，相较于拥有丰富的学识，老师更希望你们成为一个品行端正的好人。“勿以恶小而为之”，先从善待同窗开始。当同学需要帮助时，你不帮忙，还冷眼旁观，甚至嘲笑，将会带坏整个班的风气，最终影响的是每一个人。换位思考，如果被孤立嘲笑的人是你们自己，你们会作何感想？所以，今天的你们犯了错误还有改正的机会，知错能改也将助力你们未来的路。相反如果今天任由错误的行为继续发展，必将为未来埋下更大错误的祸根。

班长、体委率先坦承体育课上的“失职”，其他同学也纷纷向小 A 道歉。面对大家的真诚道歉，小 A 趴在桌上大哭起来，我想这是一种情感的释放。

在之后的日子里，与小 A 亲近的同学越来越多，学委组织同学们利用课余时间为小 A 补课，小 A 脸上的笑容渐渐明朗起来，更加自信了，课上也敢于举手回答问题了，同学们都向她投去赞赏的目光。看到同学们的巨大变化，我喜上眉梢。

思绪回到眼前，看着照片上一个个稚嫩的笑颜，我庆幸于当时对孩子们及时的德育教育。德育是做人的根本，做人要以德为本。“双减”政策落地之后，对教师的德育提出了更高的要求，教师这道“滴灌生命之魂”的光，不仅要驱走学生心中的黑暗，更要培育学生成为一道温暖的光，照亮自己前行的路，也能为他人带来幸福，让人世间充满爱与阳光！

（辽宁师范大学附属第二中学　叶亚楠）

让花开花

新学期伊始，几个老师就神秘兮兮地跟我说：“你班有个某小学知名人物，你中奖了。”看着他们意味深长的眼神，我有种“不祥”的预感。第一天接新生，整齐安静的队伍中出现了一个躁动不安的身影。他太显眼了，略带自来卷的头发因出汗黏在额头上，黝黑的脸上一对滴溜乱转的黑眼睛，无所谓的神情，随时乱动的脑袋和四肢，都让我对他印象深刻。他就是某某，应该就是那个知名人物。还没待我具体了解他的情况，他爸爸的长篇短信就来了，大意是说某某在读小学的时候特别不听话，没人管得了他。再加上班主任老师是自家亲戚，他更是有恃无恐。他爸爸几乎每周都被请到学校，轻则对某某臭骂一顿，重则当着全班痛打。如果某某在学校有什么不好的表现，一定告诉他，回家狠狠收拾。面对这样言辞恳切的文字，我真是惊出一身冷汗。这孩子的自尊心和积极性，是否会因为这样粗暴的管理而消失？我有一种冲动，对于某某，我得做点什么。

他是我的“紧箍咒”

某某真是名副其实的“魔王”。开学第一周，所有科任老师就跟我告了一遍他的状。第二周，他因为早晨和同学在校门口打架被校长发现，被教育了一番。正赶上老师上班高峰，接着又受到了团委书记和主任的“关怀”，等送回到我这儿，他却依旧是一副玩世不恭的模样。扣分板上某某几乎周周榜上有名，他就像一部错误的《百科全书》，似乎所有的错误在他身上都能对号入座。那段时间，某某就像一个紧箍咒，让我头疼。晚上睡不着觉，我就在想对策。他没有自律意识，我就和他一起分析原因;行为习惯差,我就组织主题教育活动,强化纪律意识;缺乏意志力,就帮助他把目标定得小而近,并及时督促。所有的教育和活动我都尽量维护他的自尊心,不打击他。可是他还是每天随时出问题。一成不变的还有他爸爸的微信内容:“老师,他调皮没?我揍他。”“老师,你两天不给我发微信我就心慌。”“老师,不好意思,他又扣分了,我想捏死他……”面对这样焦躁的家长,我必须保持镇定。我回道:还需要时间调整,别急。教育还在继续,我在等一个机会。

抓住契机　直击要害

一天生物课,班级竞选课代表,那可是某某最感兴趣的。可已经上课了,他还没有回来。上一节是体育课,该不会是被老师留下了吧。我飞奔下楼,果然在体育组办公室门口就听见老师气鼓鼓的声音:“叫你爸来陪你上体育课!”我一听,坏了。开学以来从未叫他家长来,就是不想他重蹈覆辙。我赶紧冲进去,只见他仰着脖子瞅着窗外,根本不看老师一眼。我把他带出体育组办公室,定了定神,用很遗憾的口气和他说:“生物老师刚才在选课代表,这会儿有可能选完了,你的希望要落空了!”话音刚落,某某的眼泪也落了下来。我有些吃惊,也有些庆幸。这一刻,他终于卸下自己伪装的不在乎,露出了最真实的一面。这个机会太难得了,我必须抓住。我马上接着说:“如果你想当生物课代表,我可以帮你。但我们要立一个‘君子协定’。”他略有所思地看着我,却又重重地点点头。某某最终当上生物课代表了,大家有些吃惊。他很努力地收发作业,配合老师工作,有时候会手忙脚乱,有时候会生气懊恼,但我能感觉得到,他在改变。同样在改变的还有他爸爸的微信,内容不再是“揍、收拾”这样的词汇了,取而代之的是向我请教自己应该怎样配合学校教育孩子……我终于在这艰难的斗争中取得一点点成绩。

乘胜追击　再接再厉

开学一个多月了,卫生委员还空缺。某某挺合适这个职位,他热爱劳动,干活认真,而且当选卫生委员可以分散他旺盛的精力,还可以培养他的责任意识。于是我找他谈话,希望他能主动竞选。某某从来没有主动竞选过班委,他有点没自信。不过他还是咬了咬牙,举起了手。因为四个竞选同学都没超过半数选票,某某就获得了一周的实习资格。这小子天生有点管理能力，而且指导别人工作对他来说是种前所未有的体验，他做得很好。在一个月后的竞选中，他以高票数当选。当落选的一名男生流着鼻涕哭诉着自己都跪着擦地的经历时，他在一旁严肃地解释道："你只知道怎样干活，却不知道怎样带领大家干活。"我在一旁看着他，突然有种"家有儿女初长成"的喜悦。

他不完美，但他有情有义

我和某某的故事还没结束。他依旧会因为犯错误而受到批评，偶尔也还会扣分。但他懂事了，最明显的表现就是我不在的自习课，他会安安静静学习，不打扰别人。他好像知道我最担心他，也好像明白了家长的良苦用心，有一次在作文里还写到了父亲的不容易。他爸爸的工作也转到"幕后"，每天监督指导孩子学习。一切的一切，回到了正轨。

我们身边都会有这样或那样的某某，我想正是因为有家长的配合，正是因为找到了适合的教育契机，采取了恰当的教育方法，正是因为有耐心和关爱，才会有现在的某某。

（辽宁师范大学附属高新区实验学校　严欢）

心暖则不畏严寒

在寒冷的冬季里，当我们心中涌动着绵长的情意时，即使天寒地冻、风雪交加，也倍感温暖……

于我而言，冬季一直是令人生畏的存在。不为别的，仅仅是因为那刺骨的寒意。今年的腊月一如既往地不留情面，萧瑟的北风无情地咆哮，将我从梦中喊醒。接着，我便迈着沉重的步伐，拖着病恹恹的身体慢慢地走进教室，挣扎着开启了一天的工作。

课堂上，我咬牙坚持为学生讲解知识，一名学生的思绪却早已飘向窗外漫天飞舞的雪花中，被那片白茫茫的世界深深吸引，许是期待着午休时间到操场上堆雪人、打雪仗吧。随之，我将该生叫起，抛出刚刚讲过的数学题，果然，答非所问。看着学生溜号被提问时的茫然，我的脸上不禁露出无奈和疲倦的表情，平心静气地对他说："虽然你上课经常走神儿，但是老师一直关注你的学习状态，从未放弃过你。"几分钟后，一段哽咽的哭声引起了我的注意，我顺着声音看去，正是刚刚站起来的学生。"难道是因为我在全班同学面前让他丢了面子？抑或是怕我课下的批评惩罚？"我左思右想，很是疑惑。课下，为了保护该生的自尊心，我把他带到了教室外一个无人的角落准备问清原因。还未等我开口，只听哇的一声，学生大哭起来，豆大的泪珠一颗接着一颗从眼角滚落下来。他边抹眼泪边说："老师，您说的话实在太让我感动了，我觉得自己辜负了您的期望，真是不应该。"话音刚落，我内心一颤，眼泪顿时在眼眶里打转，强忍着泪水轻抚着他那可爱的脸庞。我想，在那一刻，我被学生深深地理解和共情了吧……

雪花纷纷扬扬地飘落，操场上堆满了厚厚的积雪，窗外银装素裹的世界犹如学生们纯洁无瑕的心灵一般，令人心驰神往。一上午的课程结束了，下课铃声响起，同学们一窝蜂似地跑向操场，享受着雪天带来的欢乐，有的打雪仗，有的堆雪人，有的滑雪，玩得不亦乐乎。忽然，我惊讶地发现一个小小的身躯坐在座位上，一声不语。为什么说“惊讶”呢？说起他啊，我对他可真是又爱又气，平日里只要有这个淘气包在，班级就会非常热闹，经常令我满腔怒火。可是，今天的他却一改往日作风，像一只温顺的小猫，安安静静。我上前询问道：“你有什么心事吗？今天这么乖呢？”他瞪大双眼，慢悠悠地回答道：“我看您今天身体不舒服，不想给您添麻烦惹您生气。”这一刻，我被深深地感动，泪水从眼眶中不断涌出；这一刻，阳光刺透云层破窗而入，让我觉得冬天竟是如此温暖。这瞬间的温暖将永远定格在我心里……

“爱出者爱返，福往者福来”，爱是相互的。两年多的工作生活中，我切切实实地感受到了这句话的真正含义，我对学生的爱，能够变成学生对我的关心和喜爱，我是幸福的。我想，他们的爱将会陪伴我度过每一个难熬的寒冬……

（辽宁师范大学附属第二中学　杜超月）

牵手童心，慢待成长

不觉却见春正浓，灼灼芳菲日日晴。守护在教育的田野，抚摸过四季的风，成为一名班主任后，我时常在思考两个问题：什么是教育？该怎样教育？

作为一个“急性子”，我习惯了做事雷厉风行，做任何事情都是赶，赶时间、赶进度、赶效率。2021年9月成为班主任的那一刻，“慢”成了我做事的主旋律，面对一张张稚嫩可爱的面孔，我这个“急性子”被迫慢了下来。

这“慢”的转变，要从小温同学说起。“我最喜欢段老师了！”一年级道法课上，他拖着长音，奶声奶气的回答让我记忆犹新，但他的学习却让我头疼不已。上课用直尺制作弹跳玩具，科任老师转交给我的一张张“满是创意”的闯关卡片，书写的汉字又乱又大……对他，语重心长的谈心、单独的师生计划、与家长反复沟通、作业修改重写、违反纪律严惩，十八般武艺试了个遍，好像都未曾起什么作用。

一个契机，我发现他可以做好，但要慢！那天我托管，他依旧在淘气，我试着让他静下来写写生字，并答应他写好后满足他一个心愿。也许是我的提议吸引了他，也许是他原本就可以做到，他用托管时间一笔一画上交了一份工整的作业。看着整齐的卷面，我觉得有些不可思议，他原来是可以的！我开始反思自己的教育方式，他表现得无所谓，或许是对我批评他的反抗，抑或是对自己达不到老师要求而产生的厌学情绪。是啊，我刚开始，有些过于急于求成了，大部分小朋友可以做到，便觉得他也可以做到。问题浮现时，我由一开始的细致沟通慢慢地变成了没耐心的指责，这让我们都身心疲惫。

教育是慢的艺术，我开始调整对他的教育方式，减轻他的作业负担，尊重他的个体差异，了解他的真实想法，及时捕捉他一点点的变化和进步，给自己和他充足的耐心，让自己慢下来，适应着他的步伐并引导他。当挑战变得触手可及时，小温同学显得有些游刃有余了。之后，对他，我开始不吝啬自己的表扬，不断暗示自己要有耐心，看着他开始眉飞色舞地说着自己的小想法，上课试探着举起自己的小手，我才领悟书本上陶行知先生所说的“多一把衡量的尺子，就多一批好学生”的真正意蕴。

为师者，都期待着自己班里的孩子个个聪明伶俐，乖巧懂事，但事实却无法如此。面对差异化的学生、多样化的性格，老师如何借助自己的专业力量，牵手童心，助力成长，让学生绽放属于他们自己的光芒，显得尤为重要。老师的意义也许就在于敏锐地发现每一个孩子的智力优势。是金子，让他发光；是小鸟，让他飞翔；是花朵，让他绽放。老师的感动也许就在于小温同学成长后贴近耳边的一句“谢谢您！”。老师的欣慰也许就在于无论何时一张张笑脸洋溢着对段老师的依赖和信任。树摇动树，云推着云，都有风的助力，而我愿成为孩子们前行路上的一缕风，做麦田里幸福的守望者，慢慢陪伴他们成长。

（辽宁师范大学附属第二中学　段华升）

“不完美”的我们

在无声的岁月中，踏上三尺讲台已逾四个春秋，我以青春为念，奔赴我的热爱。2020年的9月是幸福的，因为我实现了儿时的梦想；同时也是忐忑的，因为我肩上承载着四十六个孩子的未来。如果时光有味道，那便是苦涩与甜蜜的交织。

初见——新手教师 VS“10后”

开学前，我总在想会遇见一群怎样的学生，我又该如何与他们相处。这让从未接触过六七岁孩子的我心中敲起了一面鼓：我真的搞得定他们吗？终于等到那一天，孩子们在父母的陪伴下第一次踏进校园，那是一张张稚嫩的脸庞，他们有的拉着妈妈的手问：“那是我的老师吗？”有的好奇地打探着周围的环境，有的看起来局促不安。我不禁感慨道：“原来这就是我的学生们啊！”

开学之初，我的耳边总能萦绕着一些声音：“老师，我的鞋带开了。”“老师，我忘带铅笔了。”“老师，他打我！”“老师，老师，老师……”这些声音不绝于耳。拖着疲惫的身躯回到家后，我在想他们什么时候能长大，不再为这些琐事喊老师。可转念一想，他们个个都是家人捧在手心的“小公主”“小王子”，第一次来到学校，面对陌生的环境、不熟悉的同学，有些不适应，出些小差错再正常不过了。当他们找到我时，定是把我当作了像自己妈妈一样可依靠、可信赖的人，那我一定要扮演好这样的角色，陪伴他们长大。从那之后，我耐心地教给他们一些生活上的小妙招；定期召开班会了解他们的思想动态；告诉他们做人要宽容大度，好朋友之间应该如何相处……虽然只有短短一个月，但我已经观察到了他们的点滴进步——听课的状态变好了，同学间的摩擦减少了，班级里的凝聚力增强了，互帮互助、积极向上、劳动光荣的氛围在班级里悄然地生根发芽。我们之间的关系也变得更进了一步，他们在慢慢接受我，也在用最纯真的童心回应我，班主任工作虽稀松平常，但每一天都是崭新的。

相处——我们共成长

那是一次"写名风波"。一次考试，卷子的左侧有装订线，孩子们想把名字写在装订线附近的姓名栏中，但这样一来，孩子们写名字不方便，我批阅起来也十分不便。于是我说："拿到卷子的同学请把名字写在左上角。"在我看来这样一个明确的指令，应该没人会做错吧！可当我巡视时却发现，几乎没有人按我的要求做，我便再次重申了我的要求，一字一顿："名字写在左上角！"改正的同学还是寥寥无几。我大发雷霆，走到每个人的座位旁边，在试卷上用力地给他们指出了左上角位置，那一刻心中积压已久的情绪终于绷不住了，尽管他们看出了我情绪不对，但是却一头雾水，不知道我怎么了，也更不知道自己错在了哪里。事后我平复了自己的心情，复盘着整件事情，检讨着自己的失态。学生的想法很简单：题篇上明确给出了写姓名的位置，他们写在那里没有错。而我如果能把名字写在题篇左上角的缘由解释清楚，便不会发生那天不愉快的事情了。这次事件给我上了一堂深刻的课，我们总是习惯于以大人的身份自居，认为小孩儿就是要听大人的，殊不知我们忽略了一点——他们即便是小孩儿，却也都是独立的、有思想的个体，当你想教育他们做正确的事情时，多一些耐心，讲清为什么要这么做，得到他们的理解与认可，而不是做一个发号施令的人，把自己的学生培养成机械的执行者。"双减"的大背景下，更是提出了教师要尊重学生的个性化发展，把学生培养成全面发展的人。

渐渐地，我和孩子们成了越来越合拍的伙伴。春夏秋冬、四季轮回，我们曾一起顶过夏日的骄阳，也曾一起领略过北风的呼啸。我们一起庆祝节日，一起学雷锋做好事，一起高唱红歌，一起去踏青，一起在运动赛场上拼搏，一起在学海中徜徉，一起在平静而普通的日子里书写着我们的故事，一起变成了更好的老师和学生。

分别——春风不语化桃李

离别多是“预谋已久”。当得知自己无法陪他们升入四年级时，我失眠了一整夜，思绪万千。一遍遍翻看着手机相册里我们共同的回忆，即使看到相册内存已满的提示也舍不得删掉一张。想在备忘录中留下一些文字却又反复按下了删除键，“告别”二字我不忍说出口，有不舍，也有遗憾。那是我为他们上的最后一堂课，但只有我知道，没有特别的仪式，没有精心的打扮，更没有告别的话语。我一如往常走上讲台，35 分钟在我们思绪的碰撞中飞速而过，一声“下课”我强忍住泪水，不敢让他们发现我的异样。每学期一张班级大合影是我们的约定，只不过这最后一学期，我刻意没有出现在照片里，因为做不到笑着与他们告别。

但在这离别之际，也有好事发生。在我们的共同努力下，我们班获得了“三好班级”的荣誉称号。看，“不完美”的我们，其实也不差呢！希望这份离别礼物，他们会喜欢。

当与新班主任交接时，我把每个孩子的情况一一向他介绍，像是一份份嘱托，希望他可以照顾好我曾经的学生们。依稀记得刚接手班级的时候，总是觉得他们不够聪明，自制力不强，运动能力也弱了些，每每想到这心中满是焦虑与担忧，在我眼里他们不够完美。可若细细想来，虽然学习方面没有特别突出的成绩，但他们也有优于其他孩子的表现：书写规范，内心善良，品行端正，团结互助，热爱劳动。其实换个角度去看，每朵花又怎么不是独一无二的呢。

断崖式地换班主任，对于孩子们的打击无疑是空前的，只怪我保密工作做得太好，他们没有一丝的察觉，更没有任何的心理准备。欣慰的是，新老师与我同姓，学生们不用改口啦，依然可以亲切地叫着“王老师”。转眼来到了教师节，他们做了一幅画给我，那是用 54 个彩色指印连成的船帆，背面是每个人的名字。接过礼物的那一刻，我眼眶湿润，这份礼物承载了学生们对我满心的喜欢与思念，也映照了曾经我们朝夕相处的点点滴滴。

我总以为追求完美的我，不会讨他们喜欢，但他们却看到了我的默默耕耘，记住了我的谆谆教诲，感受到了我的爱护与关怀。回望与三班的点点滴滴，有收获和成长的欣喜，也有失意与受挫的沮丧，更多的是他们带给我的感动与自豪，他们也接纳了我这个“不完美”的老师。冰心曾说：“世界上没有一朵鲜花不美丽，也没有一个学生不可爱。”每个孩子都是一颗种子，花期不同，开花的方式也不同，而我的使命便是用心陪伴着种子扎根、萌芽，在未来的某一天开出绚丽的花，我亦徜徉在这阵阵花香里，欣喜又自豪。

以此文字为念，给“不完美”的我们。

（辽宁师范大学附属第二中学　王深）

“小星星”在我班

告别暑假，又到了接新班级，见学生和家长的日子。

我满怀期待来到操场，整队、点名，把家长和学生领到教室，做一些小活动，拉近学生和老师的距离，让小一的新生们感受校园生活的规则和乐趣。一切都有条不紊地进行着，直到迎新活动结束，有一名学生抓住了我的胳膊，我有点诧异。根据经验，这种抓的方式有点与众不同，似抓似抱，这种感觉不知怎么用语言表述才恰当。回头便看见了一张好奇的脸，我冲他笑笑，蹲下来问他叫什么名字，他一字一顿地告诉我他的名字，在这里我们就叫他“小星星”吧。

放学后，我收到了星妈的微信，她告诉我孩子有孤独症，两岁就查出来了，这些年一直在干预治疗，家长希望小星星能在正常的学校进行学习，认为这样有利于孩子的未来发展。作为老师，我能理解父母的心情。我向星妈表示自己对孤独症了解不多，询问她有哪些注意事项。沟通结束后，我上网查找孤独症的资料，那时候关于孤独症的信息还很少，这次查找基本以零收获告终。

9 月 1 日开学了，小一新生入学的第一周课程都是行为规范和教学内容穿插进行，小星星不是调皮的孩子，坐姿端正，一言一行都是一名合格小学生，于是他和大家一样都获得了老师奖励的小贴纸。我按座位顺序为每位小朋友贴“大拇哥”，轮到小星星时，他激动地大声说：“我不贴！ 我不贴！”一边说一边摆手，神情焦灼。看到他情绪激动，我赶紧把贴纸放到身后说：“老师不贴，你不想要贴纸奖励？”小星星从座位上站起来抓住我的手并说道：“要，不要贴！”我有点疑惑，接着说道“你想要，但是不想贴在衣服上？ 贴在衣服上，放学了爸爸妈妈就会知道你在学校表现很棒。你想贴在哪里?”经过一番沟通,我终于明白了小星星的想法,他想贴在本子上,我怕贴错位置,就让他把具体的位置指给我,小星星很棒,听懂了我的话,小贴纸贴在了他最满意的地方。

类似的贴纸事件没有再发生过,每次给小星星奖励贴纸时,我都先征求他的意见,他想贴在哪里就贴在哪里。小小的贴纸让我明白了他对于物品粘贴位置的敏感,他每晚回家都会把当天的贴纸揭下来保存好,第二天再让我把新的奖励贴纸贴在原来的地方。

记得有一次,语文课听写词语,班级里静悄悄的,只有铅笔划过本子的沙沙声,小星星突然站起来,冲我挥手,看起来整个人濒临崩溃,大叫着:“老师等等我! 老师等等我!”同学们和我都被吓了一跳,现在回想起来仿佛还能听到自己怦怦怦的心跳声,我告诉自己必须安抚好小星星。经过一番沟通后,我明白了小星星大叫的原因,原来是他没写完,我就听写了下一个词语。我告诉他:“如果下次没有写完,可以举手示意老师,老师愿意等你,现在坐下写吧。”语文课结束后,我找到小星星聊天,“今天听写没跟上,是不是很着急? 老师知道你是个写字小能手,很厉害的。在课堂上遇到问题,举手是解决问题的好方法,如果你下次遇到问题,你会怎么办?”小星星很聪明,他很快就说道:“再遇到问题要举手。”后来,小星星偶尔还会因为各种各样的原因在课堂上大叫或者大哭,这都是正常的,对于小孩子来说,懂和做到是两件事。每次他大哭大叫后,我都会和小星星聊一次,帮他找到解决问题的方法,记忆中他三年级后就再没有大哭大叫过。

随着同学们相处的时间越来越长,同学之间了解得越来越多,有的同学开始好奇为什么小星星总是“不懂事”。鉴于同学们的困惑,我组织了一次班级竞赛,从数学口算到看拼音写词语,从百米赛跑到讲故事大赛,通过各项数据告诉同学们每个人都有自己的优势,也都有自己的短板。从此以后同学们更加乐于帮助小星星。

随着时间的推移,小星星给了我巨大的惊喜,他开始有主动和别人交流的意愿!那是一节童话创编课,我的心理预期是他能在座位上分享就是好样的,课堂上同学们纷纷上台分享自己的童话故事,轮到小星星时,他也直接走到了讲台上,真为小星星感到高兴,我拿起手机拍下了这惊喜的一幕。后来学校组织了一次“垃圾分类”讲座,在互动环节小星星竟然走到台前积极参与,还获得了垃圾分类小卡片。如果说在班级讲台上分享故事是因为熟悉的环境和熟悉的人，那么在陌生的舞台上、宽大的会场里，他能主动到台前互动便是一次华丽的蜕变。

和小星星多年的接触，让我对孤独症有了更多的了解，孤独症主要体现在交流障碍上，虽然小星星现在和同学们交流仍有困难，但是同学们能懂他的意思，主动交流的小星星是最棒的；现在小星星偶尔还会有一些刻板行为，比如笔袋必须摆在桌子的正中间，固定有序虽然是孤独症的一个特点，但是整齐的小星星是同学们的榜样；患了孤独症的小星星可能改正了旧问题又出现新问题，但是作为他的班主任，看着小星星一点点进步，我真为他感到骄傲！

（辽宁师范大学附属高新区实验学校　李洋）

两枚红樱桃的故事

一天上午，我正在办公室批改作业本，小庆同学气哄哄地走到我面前："老师，晓慧偷了我的水彩笔，笔帽上有我刻的记号，班长用过我的彩笔，他可以为我作证！"听了他的话，我顿时火冒三丈。

晓慧是一个九岁的小女孩，平日里比较内向，话也不多，胆子很小，怎么会有这样的事情呢？当时我恨不得立刻跑回班级，当着全班同学的面把她"揪"出来，可是，转念一想，这样做的后果将会不堪设想。一边琢磨着，一边在心里不断地对自己说冷静、冷静、再冷静。先安抚好小庆的情绪，并和他商量好暂时不要把这件事声张出去。

为了预防手足口病，学校每天中午都会组织给学生测量体温。为了避免引起其他同学的注意，利用这个机会，我决心和晓慧单独谈谈。我还是像往常那样把体温计夹在她的腋下，就开始了我们的对话。我知道她喜欢画画，就把她的美术作业本拿了过来，翻到一幅很漂亮的画对她说："晓慧，你很喜欢画画吧？"她看了看她自己的画，兴奋地对我说："每个周六妈妈会带我去辅导班学画画。""你真的很有画画的天赋，能画出这么漂亮的画。"小慧听了我的话后，嘴角上扬，开心地指向这幅画说："老师，这是我最得意、最喜欢的一幅画。"

"可是如果有一天，别人偷偷地把你最喜欢的这幅画拿走了，再也不会还给你，你会怎么样呢？"我"踢了个球"给她。她眨了眨眼睛，犹豫了一会儿，低声地说："我会很生气，也会非常伤心！""为什么？"我紧接着问。"因为……因为偷东西不对，不诚实……"我话锋一转，"如果那个人知道错了，又主动地把画还给了你，并向你真诚地道歉，你又会怎样想呢？”这时她低下了头，好像在躲避什么，我看到她又反复地搓揉着手指，她缓缓地对我说：“我会原谅他，因为他很勇敢，也很诚实。”

她的回答让我瞬间想到了教育家陶行知先生的“四块糖果”的故事。不妨，我也试一试。恰好，抽屉里还有几枚红樱桃，我就挑了一个又大又红的樱桃放在她的手里。看到手里的大樱桃，她抬起头，诧异地看着我。我微笑着对她说：“如果你能那样诚实，老师就把这枚红樱桃奖励给你。”我拉着她的手，让她坐在我旁边的椅子上，我又给她讲我自己小时候做错了事又悔改的往事。“故事讲完了，我猜你也有这样的经历吧？”听了我的话，她把头低得更低了，两只手来回不安地摆弄着刚给的那颗樱桃的梗，眼泪含在眼圈中，终于她断断续续地向我讲述了事情的经过。原来那天她的水彩笔落在家里，就把小庆的拿来了，用完了也没还给他。说完后顷刻间，她像如释重负一般“哇”地哭了起来，嘴里还不停地叨念“老师，我错了，我错了……”看她哭成泪人的样子，我知道她勇敢地面对了自己，我心里的这块大石头也落地了。我轻抚几下她的后背，递给她一张纸巾，待她情绪稳定后，继续对她说：“你很诚实，老师真为你骄傲。老师还要再给你一枚大樱桃，作为诚实和勇气的奖励。老师会和小庆一起保守这个秘密。”她抬起头惭愧地看了看我，用力地点点头……最后，小庆也履行了和我的约定，保守了秘密，在我精心而秘密的安排下，她把笔还给了小庆并真诚地向他表示歉意，最终取得了小庆的谅解。

从此以后，晓慧的话变得多了起来，学习状态也有了起色，难能可贵的是课间还愿意和同学们一起玩耍，有时下课了会和其他同学一起围着老师聊天，甚至我的讲台上或办公桌上会经常出现两枚红樱桃。我想，她的改变是因为这件事让她感受到老师对她的爱，她知道老师在保护她，所以在心里接纳了我，信任了我，就像信任自己的妈妈那样。

有一种细微而娇嫩、坚强而勇敢、摸不到而又不屈不挠的尊严叫自尊心。教育家别林斯基曾说过：“自尊心是一个人灵魂中的伟大的杠杆。”其实，孩子的自尊心更需要老师去保护和尊重，因为自尊心是孩子的精神脊梁，是孩子们向善的基石，也是孩子自我发展的原动力。老师应该像爱护自己的眼睛一样去保护学生的自尊心。正因我保护了晓慧的自尊心，才能激发她的改变和成长。作为教师，我也同样感谢我的学生，是他们让我真切体验到教育的意义与价值，见证了师生共同幸福成长之旅。

两枚红樱桃换来的不仅仅是孩子的信任和改变，可能还有孩子的美好的一生。请留“两枚红樱桃”给做了“错事”的孩子们吧，我们也会收获更多……

（辽宁师范大学附属高新区实验学校　周芳）

你和我的悄悄话

“学生身上不论带有什么样的问题和缺陷，总还是有一些善良的东西的，教育者的责任就是去挖掘、发现这些美好的东西，要无一例外地尊重每一个学生的个性。”每每看到苏霍姆林斯基的这话段时，我总会产生一种执着、一种肯定。相信每个学生身上都是有闪光点的，我希望自己能帮学生找到这些闪光点，能帮学生走出心理上的阴影，呈现他们最自信的一面。所以我选择与学生们一起成长！在这段成长路上，我一路收藏点滴，发现有些收获是我们共同拥有的。

刚踏上工作岗位的我，将了解每名学生作为我完成班级管理的首要任务。于是我想方设法去了解他们，连一个小机会也不愿意错过。在与学生们谈话中我发现，有些学生性格非常内向，不愿意与人沟通，或者说是面对面的交谈对他们来说有太大的压力。

小琪是一名成绩不太理想的学生。刚开学的时候，我发现她总是在找各种理由不完成作业，背单词也成了她的难关。这天她又因为单词没有背好而犯难。在与她的谈话中我发现，她不愿意多说话，只是低着头，一副怕挨骂的样子。我拍着她的肩膀说：“其实老师知道，你在努力，只是方法还不是很正确。在背单词的时候我们该先明确它的意思，再根据单词发音去拼读就比较简单了，还可以尝试联系相关事物来提示我们记忆。今天很晚了，回家再根据意思背单词吧。还有，如果以后学习上有什么问题可以用写的形式告诉老师，好吗？”

在批改日记的时候，我无意中发现，小琪的日记本上写着：“悄悄话：老师，谢谢您的鼓励，我已经学会了怎么去背单词了。”看到这些字，我的心里感到一阵欣慰，无比快乐。于是我决定让每个学生把自己想说而不敢当面跟我说的话都写在日记里，也把这个空间称作“悄悄话”。于是在之后的日记批改中，我又多了几分意外的收获。

在“悄悄话”中，我与学生靠得更近了，学生们的心里话都会在这儿与我交流。慢慢了解了谁比较关心班集体却不愿意表现得很明显；谁喜欢表现自己；谁最会关心同学；谁又在学习中有什么困难等等。而且我们都约定，谁也不能轻易翻看其他同学的悄悄话，因为这是每个同学和老师之间的交流。于是大家都把自己的心里话写了出来，也是在这里，我与每个学生都有了小秘密。

在与学生们一起成长的过程中，我发现自己与学生们靠近了，对他们的了解加深了。因为我带着一颗真挚的心来，与学生们一起生活，一起分享成长路上的每一次感动！不管前面的路有多坎坷，我都愿意与学生们一起风雨兼程！

（辽宁师范大学附属第二中学　戴晋）

冬日暖阳

又是一年山盟水动，又是一载杏坛春晓。时光的每一寸脚步，对于教师来说都潜藏着育人的节奏，都标志着前行的方向。在教育这条漫漫长路上，只有心怀热爱，才能奔赴山海，静待花开。

教育，是一场温暖的修行。今年，是我们遇见的第二年，那些一起走过的细碎时光，恍如发生在昨日，开心难过，温暖感动，这些经历都值得拿出来细细品味。其中，班级一以贯之的“有活动就表达，有表达就交流”传统，最为打动人心。

瞧！这不，又下雪了！可给孩子们乐坏了，于他们而言，冬天最开心的事情莫过于在雪地里撒欢、打雪仗、堆雪人。如果还有更开心的，或许就是班主任也出去陪他们一起制造美好。既然这样，我就来做那位不扫兴的老师，我一声令下，大家一起到外面打雪仗。孩子们一拥而出，来到了飘雪的操场，几名调皮的男生打起了雪仗，几名可爱的女生堆起了雪人，瞬间，操场成了孩子们的乐园，孩子们你追我赶，孩童的欢笑，成为冬日的一道暖阳。

撒欢玩过后，“老师，我要把咱们一起堆雪人的过程写下来。”“老师，我要把你被我们打得落花流水的样子写下来。”孩子们一边喊着一边跑回教室，开始完成我们的“有活动就表达，有表达就交流”班级传统活动。在这过程中，甚至有的学生还在边写边偷笑，似乎还在回味刚才的“刺激战场”。这不就是玩中学、学出快乐，学中玩、玩出精彩的真正体现吗？我行走在孩子们中间，看看这个写得不错，看看那个用词准确，此时的教学是情境与实践的结合，是语言表达与文字的相融。此时的创作，不再是孩子们的负担，而是孩子们抒发情感、表达想法的最佳途径。这样的即时记录，不但能写出真情实感，而且还会让孩子体验一次书面表达也不过是“用笔说经历的事”，小菜一碟。

令我惊喜的是，第二天，我的桌前放着一副新的手套，并附着一张纸条写着：老师，我看您昨天和我们玩雪时没戴手套，这个送给您，下场大雪我们继续呀。看着手套，回想昨天，没想到，我的这一教学方式的改变，铸就了孩子心灵世界的成长，我很幸福。

作为一名语文教师，在与孩子们的相处过程中，我坚决落实“双减”政策，不放过每一个教育契机，不局限于课堂和书本上的教学，行不言之教，无声中让孩子们既学会了表达与交流，又学会了如何去关心、关爱他人，教会孩子去欣赏、接纳、拥抱每一个美好，在快乐中学习，在快乐中成长。慢慢发现，教育总是在不经意间发生着，尽管我不能立刻看到教育的果实，但它却实实在在地影响着孩子们的心灵，帮助他们茁壮成长，成长为独一无二的自己。万物生长有序，孩子成才有灵，他们都需要时间，我能做的就是辛勤耕种，平整土地，耐心微笑，静待花开。

真正的清冽源于从一而终的清澈纯净，而非刻意造作伪于外形；真正的奔流生于内心渴望的涌动，而非岸边微渺易逝的细浪；真正的教育融于点滴生活细节之中，而非理论演绎与灌输。捧着一颗晶莹的师心而来，心怀理想，潜心育人，让生命与生命对话，让心灵与心灵交融——那该是最美的教育吧！我愿做时代最美的育花人，让教育与美好真正并行，因为，真水无香。

（辽宁师范大学附属第二中学　尹远）

春风化雨，润物无声

教育需要我们用和风细雨的言与行滋润着孩子的心灵；教育需要我们用睿智的双眼捕捉孩子们成长的点滴；教育更需要我们用春风化雨的言语智慧让孩子散发出最美的光。教育无小事，平凡的小事中更需要教师的巧思和睿智。接下来我分享一下我在教育教学中的一些小巧思。

身先士卒，有难同当

某天下午，值周老师送来了小天同学的卫生扣分单，我拿着扣分单到教室询问情况。这时，小天惭愧地低下了头，我该怎么办呢？如何激发他对劳动的热爱之情呢？火山爆发吗？这样有效吗？此时一条“妙计”在我脑海中浮现。“孩子们，今天班级扣分，作为班主任我也有责任。不管怎么样，教小天已经四年了，还没能让他爱上劳动，说起来，是我这个班主任还不够称职。还是我和他一起收拾吧！”“老师，您就不用了吧，我来帮他吧！”勤快的班长说。“不用不用！既然出现问题，老师作为责任人也应一起承担责任。”听我这么一说，周围的同学也都拿起工具一起收拾，小天也激动地拿出书桌里的小扫把，干劲十足地加入其中。“不知怎么回事，我总是忘记清扫地面，下次我一定认真收拾。”小天不好意思地小声说。“同学们，请你们作证，下回，小天若是再忘记，老师再来陪他一起收拾！”小天不好意思地笑了。此后班级的卫生极少出现问题，同学们对劳动也更有兴致了！

现在的“10后”，家庭条件都十分优越，有些孩子在家很少做家务，没有养成良好的劳动习惯。作为老师，应该适时采取“有难同当”的方式，陪他们一起劳动，身先士卒，和他们共同体验劳动带来的快乐。

善于捕捉细节，发挥教学机智

某节科学课，郭老师让学生们准备一次性筷子、超轻黏土等材料来制作培育多肉的温室，下课后，同学们拿着手中不同形状的温室模型，热情地向我展示课堂成果。有的是三角形架构，有的是长方形架构，还有的是正方形架构。这时教室里出现了戏剧性的一幕，部分同学的模型举起来后变得“面目全非”，而有的同学的“屹立不倒”。教室里一阵骚动，议论纷纷，很多同学们露出了不解的神情，这时，我突然想到，这不正是他们高年级要学习的“三角形具有稳定性，四边形不具有稳定性”这个原理吗？我立刻给同学们进行了对比展示与讲解，最终，同学们在理论与实践的结合中解开了疑惑。所以，当师生的思维发展和情感交流融洽时，往往会闪现灵感，此时发挥教学机智，定能让学生有所收获。

教育是一场漫长的修行，需要我们在点滴小事中不断奉献自己的爱心、耐心和细心，充分发挥我们的教学智慧，如春风化雨般润物无声，待到山花烂漫时，风会记住每一朵花的香。

（辽宁师范大学附属第二中学　吕树）

以真诚去感化，用爱心去引导

屈指一数，如今从教已八年有余。我越来越发现，教师不仅仅是一份职业，更是以爱为名的耐心陪伴。班主任累！这话一点不假。暮色降临，关好门窗，拖着疲惫的脚步回到家，常常是一进门就倒在沙发上，连话也不想说。班主任是幸福的！这话也是真的！每天早上站在教室门口，看到学生欢快地进校门，再听到那一声响亮的“老师早”，心底时常涌出莫名的感动。

“老师我真的特别特别感激你，这三年你对我的关心太多了，但是我不能像那些成绩好的同学那样给你回报。”当我看到这些文字的时候，不由得潸然泪下，一股暖流在心中流淌，也领悟了成为一名教师的意义。

小刘同学曾是一名叛逆少年。升入初中第一天，小刘同学“伙同”另外一名男生站在班级门口，趾高气昂地对我说：“中午我不吃饭。”这就是我们的第一次对话，也开始了我对他“以柔克刚”的教育。

经过一段时间的接触，我了解到他因为学习落后和妈妈不在身边的原因，内心非常敏感和自卑。面对这样的学生，其实绝招只有一个，就是用足够的耐心和爱心，保护其自尊心。首先，我鼓励他多参加学校活动。在学校组织的“光盘行动”中，他坚持一百天不剩饭，被评为“光盘行动标兵”。在棒球比赛中，他速度快，技术娴熟，像一只灵活的猎豹，帮助队伍拿下比分，引得观众阵阵喝彩。在一次次活动中，小刘同学重拾自信，变得阳光开朗。

其次，我也会利用课下时间多和他聊天，帮助他排忧解难。其实他代表了我们学校一部分学生的情况，家长忙着打工，对自己的孩子只能是“散养式”教育，最后常常导致其陷入迷茫。此时就特别需要我们老师适时的关注和开导。“课文背了吗?为什么不开麦?”“老师……我课文晚点发给你,刚才有点小脾气,抱歉,老师。”“背课文了!”“进步很大,但要注意字音!”这是网课期间我们一次次的对话。始终不放弃任何一个学生是我要坚持做的事。而小刘同学也在网课期间完成了所有的背诵任务,并对语文学习充满了信心。

时光飞逝,一转眼离中考还有不到四个月的时间。今天,学校进行了一次小考,成绩不理想的他一整天都垂头丧气,作为班主任的我看在眼里,急在心上。晚上实在惦记,决定找小刘同学聊一聊。“哎,自己的路自己看吧。”小刘同学沮丧地回复我。“不积跬步无以至千里,不积小流无以成江海。只要你努力,肯定会越来越好,老师相信你,也愿意帮助你!”我坚定地把这句话发给了他,又开导了他几句,小刘同学情绪似乎有了缓解,我才安心入睡。第二天中午,小刘同学刚吃完午饭便迅速拿上课本去了物理老师办公室,我悬着的心终于放下了。就是这样一次次开导,让丧失信心的他又燃起希望。我相信一句话,每个孩子都有不同的花期,有的花,一开始就很灿烂地绽放,有的花,需要漫长的等待。我慢慢地看着他们成长,阳光抑或风雨,都坚定陪伴。这何尝不是一种幸福呢?

“真的感谢老师,我以后一定回来看你!”三年来的相处,小刘同学由一朵“带刺的玫瑰”成长为一名懂得感恩的男子汉。我相信未来他会在擅长的领域闪闪发光。

“老师的真诚就是那一米阳光,可以使坚冰融化;老师的爱就是那一缕春雨,可以使枯草发芽;老师的爱就是那神奇的魔术棒,可以点石成金。”回顾这几年的班主任工作,我说我是无悔的,因为我的人生很有意义,每一天我都在付出着;我说我是幸福的,虽然桃李还未满园,但每一天我都在收获着。

(辽宁师范大学附属高新区实验学校　高鑫)

师生之间的“量子纠缠”

寒假里经过一家火锅店时，听着《辞・九门回忆》的歌声，我忽然想到了初中课本里的《送东阳马生序》。那时，对着古文就是一通乱背，根本不懂古代文人的风骨，觉得那些都是捆住你的粗布麻衣。现在回头再看，原来都是对的。想到这里，我走进奶茶店，正要掏出手机点奶茶，一句“李老师，过年好”传入耳中。

新学期开始，我继续担任班主任工作。回想刚刚接手这个班时，我和学生的第一次见面竟然是线上，我们直接成了“网友”，彼此有些陌生，但又多了一些神秘感，一切都那么新奇。通过视频看着他们一张张笑脸和一双双渴求知识的眼睛，激动的同时也有了些许的紧张，对于直接线上教学，我有些不知所措。为了让孩子们上课效率更高，我尽量使用幽默风趣的语言，多鼓励孩子，在孩子面前说“好话”，潜移默化地影响孩子。这种方式让我想起了大学学习物理时出现的一个名词“量子纠缠”，也像是数学公式“$F(X)=x$”与“$G(x)=x^2$”的关系，其实就是道家说法中的“缘”。数学中可积的充分必要条件让我始终坚信，孩子们的幸福是“可积的”，他们“有限的间断点”并不影响他们幸福快乐的积累。

“间断点”的引进，使我想起了小博这个学生。他的大错不多，小错不少。以前，我总是在课堂上对他进行“小博，注意听课”“小博，赶快把饭吃完”之类的训斥。而现在，我开始用“间断点”来指导学生的学习。可是，我发觉他非但没有改过，反而变本加厉，看见我也是远远地躲着，这就奇怪了。有一次，黄校长在会议上说起“量子纠缠”的时候，我突然灵光一闪，觉得有几个理论和方法自己应该试试。

一天午饭时，我发现小博餐盘里有很多剩菜，还吃得满桌都是饭粒，这一次我没批评他，而是拉着他的小脏手轻轻摸着他的头和蔼地问他：“怎么剩这么多？最近为什么总躲着老师？”他说：“老师我不爱吃青菜，在家妈妈经常给我做红烧肉和可乐鸡翅，从来不逼我吃青菜的。”我一想，正好身边的高个子同学很爱吃青菜，说道，“你看，身边的浩宇同学就爱吃青菜，能长大个儿。小博，你想长大个儿吗？”他告诉我：“当然了！老师我还想像赵继伟一样去打球呢。”我告诉他，不仅要吃肉还要多吃青菜和水果，这样营养均衡才能健康又长大个儿。他听我这么一说，又看了看我充满期待的眼神，果真把盘里的青菜都吃了。我朝他赞许地点点头，同时当着全班同学的面表扬了小博。我坚信孩子在这样的鼓励中，不光会吃青菜，而且会更加自信。把爱说出来才是教师的灵魂。

之后，我专门就小博改善了挑食的情况和家长进行沟通，表扬了小博并希望家长发现孩子的点滴进步。平时我也认真观察小博，发现他的微小进步就及时给予表扬。比如：今天小博吃饭时餐桌很干净，不挑食、剩饭剩菜少等等。在我的鼓励下小博渐渐改掉了挑食的毛病，并且真正实现了“光盘”。家长也高兴地向我反映小博在家也不挑食了，开始吃青菜了。现在，小博看到我总会第一时间跑过来和我亲切地说“李老师好”。他的眼神里多了份喜悦，多了份信任，多了份自信，我感到非常欣慰。更让我意想不到的是，有一次我感冒了，第二天小博同学还给我带来了感冒药，说：“老师你的声音有点沙哑，肯定是感冒了，这是我让妈妈在药店给你买的感冒药，你快点儿吃了就好了，以后我也努力做一个好孩子，不让你操心。”我这个男子汉也不禁湿了眼眶，更让我深刻地体会到爱的力量。

正如习近平总书记曾说：“广大教师要做学生锤炼品格的引路人，做学生学习知识的引路人，做学生创新思维的引路人，做学生奉献祖国的引路人。”晓之以理，动之以情，导之以行，花苞皆有高光的时刻。路漫漫其修远兮，我将不断努力和改进，变心浮气躁为脚踏实地，变批评为鼓励，变懈怠为勤奋，用爱心凝聚温暖，用鼓励传递幸福，用时光铸就“爱可以改变一切”的金色长城！在平凡的岗位上实现不平凡的人生价值！

（辽宁师范大学附属第二中学　李尚蔚）

花慢慢开，你慢慢来

班级里有这样一个学生，上课时摆弄东西，又或者是发呆，但所有的“爱好”都与学习无关，作业从不主动完成，这种缺乏主动性和自觉性的行为让我感到教育实施时常经受挑战。但是我深知我不能放弃任何一个学生。星光微弱，亦可映尘。遵循有教无类、因材施教的原则，我要想尽一切办法转变他，要求自己不能只是看到他的不足之处，还要发现他身上的闪光点。

我决定静下心梳理教育理论和方法，从中找到突破口。加德纳多元智能理论提出，智力的内涵是多元的，包括言语智力、逻辑数学智力、音乐智力、身体运动智力等九种智力。但是，这几种智力的发展是不平衡的，变速不一。所以，我们要学会接受学生在某些方面可能比别人“慢一步”。同时，作为教师，也要相信，路虽远，行则将至。

经过分析，我发现学习有障碍的学生，障碍大都来自于基础知识掌握得不牢固，越到高年级，他们学习动力就越是不足，并且会陷入一个死循环：前期基础不牢固，平时教学的知识无法及时消化并理解。慢慢积攒起来的未消化的知识堆积成山，他们便会对学习失去信心。这种情况对我来说，也确实不好着手。一开始，我会在课下再花时间给他讲一遍本节课的知识，起到巩固加深、查缺补漏的作用。但是他那迷茫的眼神在告诉我，他并没有懂。我们四目相对，他的眼中尽是茫然，我却坚定了我的目光，我在向他传达——老师不会放弃任何一个学生，任何的青翠小苗，都会有成为参天大树的可能。自此，我便明白此类方法不适用于他。后来，我便修整策略，从基础的字词句抓起，先让他在相对简单的知识上获得一点信心，哪怕是简单的词语写对了我也给予他积极的肯定，再慢慢从基础题做起。从会写字词，到会造句子；从会写一句话到会造一段文。虽然短时间内提升得较慢，但是每一天都有一点点进步，对我俩来说，都是莫大的鼓励。

学习是他的短板，但他的发光点却十足闪耀。相比于其他学生，他十分勤劳、热心。纵使他不是当天的值日生，班级的垃圾桶满到溢出前，勤劳的他一定会为班级换上新的垃圾袋，扔掉装满垃圾的口袋，默默地维护着班级干净整洁的环境。他的座位距离讲台很近，所以讲桌上从来不会出现作业本横七竖八的现象，每个课间，他都会来规整一下放歪了的作业本，拾起放错了的卷子。这些事情他从未对其他同学讲，只是看到了便会伸手去做。还有一次，班级里有同学因为身体不适，坐在操场休息，他看到了，小跑着回教室找到了同学的水杯，帮他打满热水又快速回到同学身边，递上杯子，表达自己对同学的关心。这些事也没有人要求他做，只是因为他看见了，他觉得自己被需要。他脆弱的内心里放置的只有单纯的助人行为，没有深层的助己之意，究其原因不禁让人感叹。他虽然与爸爸妈妈生活在一起，但也只是住在一起，真正照顾他生活的是他的奶奶。因为爸爸妈妈早上送他到学校之后，就得为生计而奔波劳碌，直至深夜才回到家中，而父母归家之时，孩子也已经休息，所以他们与孩子之间的交流甚少。年迈的奶奶才是与他相处时间最长的亲人，但是孩子奶奶没有文化基础，不懂得如何在他的学习上提供帮助，更不用说处理孩子的教育问题。父母的忙碌与隔代的距离，这些至亲对其给予的情绪价值与关爱不够充足，小小的他便试图从别处找到自己的价值，证明自己被需要。

了解了以上情况，通过电话、家访、面谈等形式多次与家长进行沟通之后，他的家长也渐渐意识到应该要花更多的时间关注孩子、陪伴孩子。他们约定会在周末的时候，轮流抽一天时间陪孩子进行亲子活动，拉近和孩子之间的距离。同时在条件允许的情况下带着孩子去体验一下爸爸妈妈的工作，感受其工作的辛苦，由此他也更懂得体谅与感恩父母，更明白努力学习是他的责任。班级的“师徒结对”活动，也让他有了自己的“小师傅”。不论是学习上还是生活上的问题，都有热心的小榜样积极帮助他。当然，他也在用自己别样的方式回应着大家对他的爱。

每个学生的精神世界都像一座美丽的花园，教师与其在未知的荒原设下围挡，不如在那里埋下种子，静待开出灿烂鲜花，可能终究无法芬芳，抑或无法长成参天大树，但即便是风中坚强的小草，也是一种生命的姿态。

（辽宁师范大学附属高新区实验学校　隋欣原）

因材施教，用爱浇灌每一朵花

两年半前，我满怀憧憬地站在了三尺讲台上。当我第一次见到学生们，看着那一张张稚嫩的笑脸，听着那一声声清脆的“老师”时，我就在想，我要如何做才能让他们拥有一个快乐、充实的童年，才能让这短短几年的小学时光可以成为他们一生值得回忆的日子呢？从教两年半，我在完善答案的道路上从未止步。

“每个人身上都有太阳，主要是如何让它发光。”苏格拉底的这句话，深深影响着我，也正是这句话，让我在教育教学中找到了方向。在教育教学活动中，教师要以爱为前提，用心地去了解学生、理解学生，对他们因材施教，这样他们才能够更好地成长。

一年级刚开学时，我就发现班里的小美过于文静内向。她在和别人交流时，总是表现出很紧张很无助的样子，原来是她不理解对方的话是什么意思，久而久之，她越发不爱说话了。在学习上她有些吃力，写字速度很慢，做题容易做错。在生活中，她自理能力不强，总把桌面、桌膛弄得乱七八糟。我能看出她的胆怯焦虑和想要努力做好却总是出错的沮丧，我想，我一定要尽我所能去让这朵只是开得晚了一点的花苞绽放。

在她听不懂我的话时，我耐心地一遍遍解释给她听，直到她明白为止。我找来班级里两个开朗善良的女孩，问她们愿不愿意在平时多跟小美说说话，两个女孩很愿意，并且主动和小美一起玩。慢慢地，小美的交流和理解能力变强了，她开始和同学们交朋友，一点点融入了班集体。每当我站在窗前看见她在操场上和同学们一起做游戏的身影时，都觉得很欣慰。

我在上课时会注意观察小美的状态，利用空余时间帮小美讲解她上课没听透彻的知识点，我不断鼓励她，告诉她坚持下去就一定会有进步。功夫不负有心人，小美终于能够独立解答数学题，能够写出一个个她之前都无法拼读出来的生字。此时，小美仍然不爱举手回答问题，我不断鼓励她，告诉她要勇于表达自己的见解，说错了也没关系，这反而可以增强对正确知识的记忆。随着性格的逐渐开朗和自信心的逐步增强，在一次语文课上，小美终于举起了手，在我的引导下，她把问题回答得很好。我立刻在班级光荣榜上给小美贴上了一朵鼓励的小红花，她眼眶红红的，盯着小红花看了一会儿，然后害羞地笑了。在对小美的关注中，我发现了她有美术方面的天赋，就和她的父母进行了沟通，他们很兴奋，表示一定支持小美在美术方面的发展。我提醒家长，支持小美学习美术是好事，但要注意让她劳逸结合，不能增加她课外学习美术的负担。家长对我的善意提醒表示感谢。

我发现小美桌面、桌膛杂乱，并不是她不愿意收拾，而是她不知道要如何归纳整理物品。我一点点地教她，一开始是我帮她整理，她在一旁看着，过了两个星期，我们开始一起整理，又过了两个星期，她已经能够独立整理了。不仅如此，有时她还会帮同桌整理学习用品呢。

现在的小美，已经是一个活泼开朗、做事认真、热爱劳动、有画家梦想的女孩了。

我知道还有许多“小美”需要我对他们因材施教，用爱去浇灌他们，使他们都能长成美丽的花。在这条教育教学的道路上，我将继续勇往直前！

（辽宁师范大学附属第二中学　洪悦威）

家校同舟，共创美好未来

“家校同心，共教共育”我们常说常讲，作为一名年轻教师，在与孩子共同成长的日子里，我逐渐对这句话有了更深刻的理解。我们平时关注孩子的学习成绩、课堂表现居多，这是在校的“教”，但关注其重要影响因素较少，也就是在家的“育”，两者相辅相成，缺一不可。在我的班级里就有这样一个案例，很好地诠释了这个道理。

我们暂且叫她小丽吧。在我精心准备的教学活动中，小丽积极活跃地参与各个互动环节，不难发现她是个聪明伶俐、活泼可爱的女生。

有一天中午，我和往常一样打算回教室给同学们打饭，刚走进教室就看见她红着脸边哭边喊“为什么，为什么”，没有心理准备的我被这一幕震惊了，第一反应就是要让她赶紧停下来。我走到她身边用训斥的语气问她为什么要这样，快停下来。她却无动于衷，依然哭闹着说“为什么，为什么”。从其他同学那里得知，上课时她举手回答问题但并没有被老师发现，便与老师争吵起来：“为什么提问了别人，不提问我？”此时的我明白了，小丽想得到更多的关注，但找不到正确的方式。通过交流谈心，她的情绪逐渐稳定并有了正向的反馈。我很开心，以为问题得到了解决，但没想到这只是一个开始。

从那天起，小丽经常与同学产生矛盾，一旦有人没有遵守她心中的规则，她就会情绪崩溃，甚至出现动手打人的行为。通过与家长的沟通，了解到小丽的父母离婚了，她一直跟着妈妈生活。小丽妈妈表示会配合我的工作，愿意与我一起努力，找到合适的方法去教育小丽。经过两年的努力，小丽在情绪激动时不会动手打人了，但我知道最根本的问题还没有解决。

慢慢地小丽开始在班级内对同学们说自己不想活了，并手工做出了“自杀”手册。在与人产生矛盾时会情绪激动地打开教室窗户，或者用头撞击窗户玻璃。这一系列危险的行为让我对这两年以来的工作产生怀疑，我怀疑自己的教育是不是存在问题，自己的努力是不是白费力气。但我唯一确定的是：不能放弃。

对此小丽妈妈给出的反馈是小丽在家从来没有出现过这样的行为。难道小丽只有在学校才出现这种情况吗？为了更多地了解小丽，我又一次与她进行沟通，但不一样的是这次是以朋友的身份闲聊天。这时我才了解到，她虽然跟着妈妈生活，但其实与妈妈接触的时间很短，每天只有半个小时的相处时间，其余时间都与姥姥、姥爷一起生活。从那天起，我们经常会像朋友一样在一起聊天，让人意外的是，小丽偶尔会透露出自己的孤独和姥姥、姥爷对她的打骂式教育，这让我发现姥姥、姥爷的教育方式对她产生了很大的负面影响。我马上联系了小丽妈妈，把自己的判断和想法告诉她，她因自己没有多留一点时间陪伴孩子而十分内疚。为了从根本上解决问题，小丽妈妈决定接小丽回家与自己一起生活，而我将负责在学校对小丽进行正确的引导、教育。

在家里，小丽妈妈会陪着小丽写作业、拼乐高、做游戏。在学校，我会从侧面了解那些让她开心或不开心的事，用老师的身份教育她如何正确地看待出乎她意料的事情，如何开心地与他人相处，如何更好地表达、消化情绪。终于在家校的共同努力下，小丽再没有出现过激行为，逐渐成了老师心里的好学生、同学身边的好伙伴、亲朋眼中的好孩子。

大教育观强调，教育不仅在时间上贯穿人生，在空间上也往往充注于人生所处各种场所。小丽的故事让我深刻体会到，教师作为教育的主导者，要上好每一堂课，给孩子带来良好的课堂教育，也要引导好家长，让孩子拥有良好的家庭教育，家校共同努力才能营造出立德树人的良好教育局面。

（辽宁师范大学附属第二中学　段筠茹）

等一朵迟开的花

都说教育是一场最美的遇见，是一场双向奔赴的修行。但是在这场场遇见与次次修行中，有些过程难免是布满荆棘的。每个教育者心中都有一个“完美学生”的轮廓，却又在教育过程中尝尽不完美的滋味，我亦是如此。成为一年级班主任，我奋力想将祖国的花朵雕琢得精美，但那一次，我却想要慢下来，等一朵迟开的花。

第一次和小轩见面时，他的小脑瓜儿一头卷发，让我印象十分深刻，一下就记住了这个可爱的男孩子。话不多的他并不属于班级“调皮蛋”之列，一开始从没有因为淘气被点到名字，但是随着时间的推移，我多次发现他很难控制自己的小动作。上课时啃咬瓶子、抖腿、撕纸……种种迹象在反复提醒无果后，我选择了联系家长，试图通过家校合作，将学校教育与家庭教育联系在一起，以达到更好的效果。但是与小轩家长通话后，我才真正意识到了问题的严重性。家长平时工作较忙，大多数时间小轩都是在学校和托管班，家长从未发现小轩有上课抖腿等问题，校外托管老师也未曾提及他小动作多的情况，所以一直以来家长心目中的小轩都是一个听话、守纪律，只是有些马虎的孩子。我的反馈让小轩妈妈颠覆了对小轩的原有认知，但迫在眉睫的是，小轩的专注力必须要提高，于是我们明确了目标，共同督促小轩，坚决帮助他打败“小动作”。

在学校，我给予他更多鼓励，当他得到荣誉时我也刻意在全班同学面前对他提出表扬，增强小轩的荣誉感。我自认为我的鼓励可以让他在自信的状态下做出改变，直到在一次班会上，我才知道一切并没有按照我的想法发展。

那次班会主题是“我的闪光点”。一年级的学生天真烂漫，从小深受鼓励教育的他们都能够大方地表达自己的优点，但轮到小轩发言时，他缓缓站起，小手不停地抠着桌布边缘，迟迟不肯张口。肉眼可见的紧张气氛弥漫在教室中，我引导他说："你最近有很大的进步呀！和同学们分享一下吧！"在全班同学的注视下，他抬头看向了我，这时我才看到他眼中噙着泪，用微小的声音说："我没有进步和优点。"我的心瞬间紧了一下，脱口而出："怎么会呢？在老师和同学眼里你有很多优点呀！谁来说说小轩的优点？"同学们纷纷举手。"他乐于助人。""他很聪明，会解出难的题目。""他很有礼貌，会和老师问好。"在其他同学的踊跃发言中，在此起彼伏的掌声里，在我满含温柔的注视下，小轩抹去了泪，终于露出了害羞的微笑。

班会结束后，那种心头一紧的感觉迟迟没有消散，小轩的话久久萦绕在我的心头。我不断地审视自己对小轩的教育，我们是不是太心急了，才导致对他有意的鼓励在他一次次的自我怀疑中变得微不足道。于是我再次和家长沟通，才得知小轩之前和妈妈表达过，他真的控制不了自己不去做那些小动作，这让家长感觉崩溃无助，因为在此之前我们已经共同努力尝试了很多种办法，并没有起到立竿见影的效果。小轩妈妈变得很焦虑，每天晚上都要问小轩白天表现怎么样，有没有进步。家长的情绪深深影响了小轩，七岁的他心思还算细腻，完全可以洞察家长对他的不信任，他甚至和家长说："妈妈，你天天都不开心。"听到这里，我很心疼小轩，更理解家长。那次谈话中，我坚定地告诉小轩妈妈，我们一直以来的努力并不是白费力气，只是需要时间来产生质的飞跃。作为家长和老师，一定要相信他，更要调整好自己的状态，才能让学生保持积极的姿态。我也深深地感受到，教育学生不仅仅是参与他在校的几小时，还要多多跟进，帮助家长展开更有效的家庭教育。

现在的小轩仍在努力对抗着"小怪兽"，但他已经可以连续七次听写全对，上课适时地回答问题，大部分时间全神贯注听讲。这听起来的确不那么"完美"，但是无一不在述说着他的进步。记得校长曾在一次教师大会中为我们解读"卓越"的意义，卓越没有统一标准，更可以称之为一种状态，一种面对种种事情时的积极姿态。于学生而言，只要保持"卓越"的态度，就算花开得迟一些又何妨？

（辽宁师范大学附属第二中学　吕晓姝）

别去想那只粉红色的大象

我曾经听过一个心理测试——别去想那只粉红色的大象。闭上眼睛在心里想一种动物,但是注意,别想粉红色的大象,一定别想粉红色的大象,千万别想粉红色的大象。五分钟后,大部分人的脑海里都会闪过粉红色大象。这就是"粉红色大象"心理效应。看到这个,让我想起了"心理暗示"。如果我总是批评学生,反复去说孩子们做得不好的地方,那他们只会记得自己不好的地方;如果反过来,我夸他们进步的地方,哪怕只有一点点,他们也会觉得自己在不断进步,从而不断督促自己朝好的方向努力。

印象最深的是我们班的一个小男孩小明同学,第一天见面觉得他害羞,说话一板一眼,自我介绍时也低着头。正式开学后,连着几天课间都不出教室活动,就算离开教室也只是在名师驿站处写作业、做题,而且他基本没跟我交流过,与其他孩子相比显得格格不入。我想,是我太凶了?还是孩子还没有适应新的环境?所以我打算温柔地、细心地跟他聊聊天。那天,我看到他在名师驿站处自己写作业,所以我满脸笑意慢慢坐在了他右边,不知道他是被突然来的人吓到了还是害怕我,一瞬间弹射起步,一下子从凳子中间弹射到了凳子最左边,同时瞪大了眼睛!我问他怎么没有跟其他同学下去活动,他瞪着眼睛摇了摇头。我接着问他学习一天了累不累,在学校有没有哪里不习惯,他依旧瞪着眼睛摇头。我继续追问是不是我太凶了,他害怕我,他停顿了一下,继续摇头。我心里暗笑,孩子虽然说话少,但是诚实。于是我开玩笑地跟孩子说,"只有我说话太尴尬了,你配合我回答一下呗,哪怕一两个字也行啊,让我有点成就感。"我问他:"上课的内容有没有我没讲清楚的地方?"孩子深吸一口气说道:“应该……没有……吧。”我心想这孩子眼睛半天都没有眨一下,放过孩子吧。我们第一次谈话以五个字结束。

之后我时不时就找他说话,要么向他借东西,要么问问他有没有不明白的地方,甚至是间食时间主动分享我的零食,虽然每次都以他的“弹射起跳”结束。而且,他也是唯一一个没有被零食“收买”的孩子。

当然,让孩子敞开心扉并不意味着纵容。我发现他课余时间开始折纸了,甚至用几张空白的A4纸折了把剑,我真是又觉得他厉害又觉得他很浪费,但是鉴于我不能让我的“沟通大业”半途而废,所以我要夸他,顺便说出我的想法。我趁他正在折剑的时候跟他说:“这是你自己折的吗?太厉害了!你的手工也太棒了!你之前有专门研究过吗?而且你不需要图片自己靠想象力就能折出来,你有这样的想象力以后学习数学的几何会非常厉害。但是吧,用的都是新的A4纸是不是有点浪费了。而且课间我更希望你能去操场活动活动,休息休息眼睛和身体,放松一下。等回到家,家里有足够多的用过的纸可以用。那我们说好了,咱们以后这段时间尽量去操场上或者窗边放松眼睛,折纸在家里进行,而且用家里的废纸,咱们废物利用好不好?”整个过程,虽然还能感觉到孩子的紧张,但是他敢看我的眼睛了,而且我再走到他身边他没有“弹跳”了。自此之后,我能明显感受到孩子在变化。

因为孩子的字迹不够工整,所以我要求他每天最少练四行字。虽然每天进步很小,但是我能看出来孩子是在认真写字,而且我提出的建议孩子能马上践行。所以我也开始了夸夸模式:“你看昨天的字有一点歪,今天就正多了。”“之前的字都是细长的,今天看着‘营养健康’了。”“虽然字跟字之间还有一点挤,但是你对比看看,是不是已经不存在粘连的情况了?”“你这进步太快了,一定要保持住。”因为孩子练字效果比较好,所以我让班里其他几个字迹不工整的孩子也开始练字,并且时不时跟他们说小明的进步有多大多快,让他们也好好练字。也是在这个过程中,小明会在我夸他的时候偷偷笑一下,而且“弹射技能”已经完全冷却,再也没有出现过。

到元旦前,孩子的状态跟开学已经完全不一样了。他会在课间找我一起探讨题,放学时间主动跟我分享有趣的事情,大扫除期间主动包揽任务,甚至元旦联欢会主动报名参加节目,等等,这些我看在眼里暖在心里,希望他能越来越开朗,越来越自信!

记得著名儿童教育专家卢勤说过:“打开孩子的心灵有一个秘诀,当你说他棒的时候,他就棒给你看;当你说他笨的时候,他就笨给你看!”其实初中阶段的孩子年龄还小,大部分还没有足够的自制力和内驱力,更多的是依赖外部环境的督促。所以如果我们不知道如何入手引导孩子的话,可以尝试一下“夸夸模式”,结合孩子每一次进步,甚至是微小的改变去鼓励他。我们的鼓励就像沿路的鸟语花香,是对精神世界的满足,是让孩子积极向上的必需品,让孩子们能够在肯定中自信、自爱地茁壮成长!

(辽宁师范大学附属第二中学　王雯雯)

分箱子的公平

作为一名青年教师,我入职已有一年半的时光。初入校园,我担任了数学科任教师的职务,全心全意投入到学科教学之中。随着时间的推移,我在第二年接任了四年级的班主任重任。这一身份的转换,使我与学生们的成长联系更为紧密,责任更为重大。

作为科任教师,我主要关注的是学生们在本学科的学习成绩和进步情况。然而,当我转变为班主任,我的关注点不仅仅局限于学科成绩,而是拓展至学生的全面发展。如今,我更加关心学生的安全与健康,积极组织并鼓励他们参与各种比赛和活动,以促进学生的多元化成长。同时,我也时刻关注学生的心理健康和个性发展,力求为他们的成长提供全方位的关怀与支持。

在过去的半年里,我作为班主任,对示范的重要性有了深刻的认识。有一次,我们班级为每个学生订购了收纳箱,用于整理个人物品。然而,这些箱子被层层堆叠在班级后部,导致部分学生需要蹲下取物,极为不便。为了确保公平,我采取了抽签的方式分配箱子。然而,在分配过程中,由于部分学生因病缺席,一些箱子未能得到合理分配,其中就有位置比较好的。

分好箱子之后就让他们开始搬东西了,因为人比较多,所以我也没有注意他们搞的一些“小动作”。有的学生为了和自己的学号匹配上,自愿以自己比较高的位置换到最低处。我注意到一名表现很优秀的女生对自己的位置表示不满,希望更换至更高位置的箱子。我经过审慎考虑,认为这对其他未能到校的学生来说并不公平,因此拒绝了她的请求。此后,又有一名表现平平的男生向我提出同样的要求,同样遭到了我的拒绝。

本来这样的小插曲我并没有放在心上，但是在一次作文中，那个男同学写道：“原来王老师对待每一个学生都是公平的。”这句话让我反思自己的行为，同时也引发了我对于公平对待每一个孩子的思考。当面对成绩和表现各异的孩子们时，我是否能够真正做到一视同仁？我庆幸在接手这个班级之初，就得到了这样宝贵的提醒。如果没有这次经历，我可能会在不经意间偏袒某些孩子，从而影响到整个班级的和谐氛围。

通过这件事我深刻体会到公平对待每一个学生的重要性。通过分箱子的经历，我意识到自己的决策不仅关乎学生日常生活，更关乎他们心中对公平的感知。尽管我最初的处理方式旨在维护公平，但学生的反应提醒我，即使在看似简单的小事上，也必须一视同仁，不容有失。这次经历成为我职业生涯中的宝贵一课，让我意识到教师行为对学生产生的深远影响。我反思并坚定了自己的教育原则：关心、尊重、公平地对待每一个学生，这是教师职责的基石。我将以身作则，通过自己的言行示范，为孩子们树立一个公正、平等、充满爱的成长环境。

（辽宁师范大学附属第二中学　王森林）

以熹微灯火，点燃滚烫星河

有人曾经如此绮丽地诠释教育："它是一场驯服心灵的奇妙之旅，一段以善良唤醒善良，以生命温暖生命，以爱引导爱的过程。"在这一旅程中，陪伴与倾听无疑是最完美的精神护航。它们宛若一抹神奇的色彩，在这幅美妙画卷中勾勒出绚烂多彩的图景，如同一段悠扬的旋律，弥漫着丰富多彩的乐章。它们更是那滋润花园的微风细雨，滋养着花朵茁壮成长。

在我的教学生涯中，曾遇到一朵与众不同的"花朵"，他的表现引人瞩目。在室内的课堂上，他总是神游物外，时常离开座位，和同学窃窃私语。在室外课堂活动中，他总是制造混乱，大声嘈杂，与一些调皮的同学结伴捣蛋，常常误伤其他同学。每当犯错时，总是编造各种借口推诿责任，问题层出不穷，屡教不改。

多加观察就会发现，这朵与众不同的"小花"其实有着独特的光芒。在劳动中，他总是心甘情愿地承担着其他同学不愿意完成的任务；在体育方面，只要他用心倾听讲解并勤加练习，就能够达到中上水平。然而，由于总是缺乏听课时的专注，他的体育测试成绩时常不太理想。

在了解了他与众不同的表现后，我主动与班主任交流，得知了这个学生从一年级开始就一直存在这样的问题。我意识到，学生的修行之路必然有通关密码，而这份密码就掌握在孩子的父母手中。于是，我不断与家长沟通，希望他们能够重视对孩子的教育。但结果却不尽如人意：找爸爸，不在家；找妈妈，没有空；找奶奶，又溺爱。毫无疑问，家校合作很难实现，我只能另辟蹊径。老师如同学生的第三位家长，若我们也对学生漠不关心，那将给学生带来无可挽回的后果，对他一生的影响将是巨大的。

于是我化作心理老师，与学生一同进行心灵探索，倾听他们内心的声音，启发他们寻找正确交友之道，培养良好学习习惯。一旦他们认识到学习才是塑造自我未来的关键，有了学习内驱力之后，再进行有效的辅导，对他们过去落下的知识点查漏补缺，鼓励他们投入到课堂学习和完成家庭体育作业中。师生共同努力，方能拥有丰硕的收获。

一开始，他的兴趣颇多，但每一个都无法持之以恒。因此，我与他达成约定，只要他在体育方面取得一定进步，便会实现他的一个愿望。在获得动力后，他开始积极完成体育作业，勇敢举手回答老师的问题，尽管偶有错误，我也始终给予他鼓励。在课堂上，他还积极学习不明白的动作技术，热心协助老师处理事务。看来，一切都在逐步改善、不断进步。

我趁热打铁，期望他在行为规范中也有所改善，于是让他做纪律值日生，我向他强调：欲治人，先要律己，方能得人心。我期待着他能够朝着更美好的方向发展，但教导的道路充满坎坷。他又一次因为冲动和霸道的行为，在纪律督导中与同学们发生了冲突，其他的坏习惯也开始反复出现。

我深知教育不是一蹴而就的事情，它需要不懈的努力和持续的改进，才能够有所收获。然而令人振奋的是，在这"润物细无声"的过程中，我已经目睹了这个学生的转变。他正在渐渐蜕变，需要的只是我们给予他时间和爱。在这样的过程中，我发现自己也在不断地学习和成长。学生每一次取得的小小的进步都让我更加坚定地相信，教育并不只是传授知识，更是一种耐心、一份关怀，一种和学生共成长的心态。因此，我决心继续用心陪伴他们，一起走向更加美好的未来。

我将用自己的言行诠释一名人民教师的使命和担当，做学生的引路人，一路陪伴，一路守护，用温暖点亮每一颗星，用信心守护他们的能量，让每颗星都能熠熠生辉。

（辽宁师范大学附属第二中学　王爽）

千里始足下，高山起微尘

“稍息，立正！老师好！”稚嫩的声音在耳边响起，没错，我就是班主任口中常常“生病”的体育老师。日复一日的教学工作想想觉得有点枯燥，但这一个个鲜活的小生命总会带给我惊喜。我见过他们静若处子，也看过他们动如脱兔。正所谓每个人都是独立的个体，都有着与众不同的性格。那一次，就让我在属于他们的倔强中品尝到了成长的甜蜜。

这件事是发生在我中途接手四年级时，至今记忆犹新。班里有一个学生比较调皮，无论课上课下都很活跃，随心所欲，我行我素。当老师提醒他时，他往往会流露出一副满不在乎的样子。于是我决定用我的方式来帮助他。

一次体育课后，我故意叫他和我一起回收器材，趁机和蔼地问他：“你喜不喜欢上我的体育课呀？”

“还行吧！”依然是一副不以为然的态度。

“那你长大了以后有什么梦想或者愿望吗？”

“当体育老师吧！”我心里一颤，那一刻，我感受到了这个孩子内心的火热。

“那老师现在先让你当体育委员好不好？如果你当得好，我就找机会让你当一次小老师。”

“真的吗？你说的是真的吗，老师？”他瞪大了双眼，不可置信地看着我。

“当然了！但是我有一个小要求，以后上课时你要听从老师的安排，遵守课堂纪律，做到令行禁止，可以吗？”

“好！但是……但是我现在不会啊，我怕我做不好同学们笑话我。”

"没关系,以后上课时候你认真看我是怎么做的,哪里有不明白的我会帮助你,你一定可以的!"他没有直接回答我,但我观察到了他脸上那一闪而过的期盼。

第一个回合下来,虽然他像一杯冰凉的山泉水,但是也有了一丝热度。平时我会到班级观察他,发现他与以往相比有了些许改变,这更让我确定了要给予他更多肯定性评价,让他体验到成功的快乐。

以后的体育课堂上,我常找他帮我拿器材,委婉地提示他主动捡起操场上的垃圾,课前让他到前面和我一起带领同学们做热身操,并且不失时机地表扬他。就这样过了一个月,我试探性地说:"老师这几天有点不太舒服,明天你能上一节课吗?"他先是愣了一下,然后说:"老师,你要注意休息。"我心里又是一惊,我仿佛看到了他内心世界里正在燃烧起来一簇热情的小火苗,以燎原之势蔓延开来。

第二天上课之前,他早早地来到我面前:"老师,我们今天学习什么内容?您能不能告诉我怎么教,我昨天晚上在家练习了好久。"看他认真乖巧的样子,一股暖流瞬间涌上我的心头……课堂上他虽然不太熟练,难免还有点紧张,但是他一脸严肃地组织同学们练习,维持课堂纪律,真的像一个小老师,我在一旁时不时地向他竖起大拇指。结束后,他说着谢谢大家,谢谢老师,并深深地鞠了一躬。大家都不由自主地鼓起了掌。虽然他的课堂状态也不稳定,但是他正在慢慢地向好发展。就如同慢慢热起来的山泉水,细细品味,会让人感受到"真水无香,回味无穷"。

千里始于足下,高山亦起于微尘。在教育事业的前行之路上,要尊重学生、热爱学生,为学生注入无限的温暖和力量。更要因材施教、有教无类,为学生提供前进的方向和力量。或许我们的一句话和一个举动就会改变他们的一生……

(辽宁师范大学附属第二中学　张修程)

把情绪放“凉”，看问题更“清”

身为一名班主任，似乎每时每刻都处于一种待命状态，生怕错过了处理突发事件的最佳时机，但也有很多的事情，也许我们“放一放，凉一凉”，在“常温”的状态下处理可能会有更佳的效果。

清晰地记得那次平常的午餐分餐，一个胖胖的憨憨的小男孩愤怒得已经控制不住自己的小嘴了，他不停地重复着一句话——“你才适合打扫卫生呢，你们全家都适合打扫卫生！”他的异常情绪马上引起了我的注意，我主动上前了解情况。当我的手搭在他的肩膀上时，我真切地感受到了他的气愤，他似乎再也抑制不住内心的委屈了，甚至带着哭腔向我叙述起了事情的经过。

原来是他们在操场帮助老师拾落叶时，这个小男孩一直非常认真，得到了老师的表扬，结果一群调皮男生却拿他开起了玩笑，言语中多有不当，让他觉得自己受到了嘲讽。经过询问，我发现事情还有个内因，那就是小男孩的妈妈是学校的保洁人员，男孩感觉到同学的言语是有意的侮辱。而就在他叙述的过程中，其他几个孩子也开始情绪激动起来，认为是小男孩小题大做，他们只是开玩笑，而且男孩也恶语还击了他们，真相并不像他单方面描述的那样。

此时的我明白了，他们都是站在自己的角度看待问题，对自己的过错毫无察觉，当下无论怎么处理双方都会不服气。于是我告诉他们，事情我已经完全听明白了，大家先吃饭，然后用午休时间想一想自己有没有什么做得不对的地方，下午第一节课我们再交流这件事。感受到我明确的态度后，他们也都暂时安静下来，事件按下了暂停键。给他们时间反思的同时其实也是给我自己留下再思考的时间。这件事情应该如何让每名同学真正地认识自己的问题呢？如果他们一直认识不到，我又该怎么引导？如何处理才能让他们心里都没有芥蒂地和好如初并且不再衍生出新的问题？虽为午休时间，但我却一刻都没敢放松，积极想对策的同时还时刻观察孩子们的举动，生怕矛盾继续恶化。

在不停的思考和忐忑中，下午第一节课的铃声终于响了。教室异常安静，孩子们似乎都在期待着我的处理结果。我站上讲台，环视全班后，一字一顿地对他们说："大家经过一中午的时间，想必所有的情绪都得到了'冷却'，那么现在我们就来聊聊自己吧，站在自己的角度说一说自己有没有做得不合适的地方。"我的话音刚落，这几个孩子开始互相打量，似乎没有人敢第一个站出来先讲，我没有急着催促他们，给了他们充分的时间做心理斗争。经过了一段更为寂静的等待，竟然是那个胖胖的小男孩第一个走上了讲台，透过他通红的小脸我分明能感受到他的紧张。他说："冷静下来想想，也许同学们并没有恶意，而是我自己过分解读了大家的意思，而且自己也不该说那些不好听的话。"此刻的我有些震惊，也能感觉到同学们的惊讶，我想过很多种可能，但是万万没有想到第一个走上讲台的会是他。他刚一落座，其他几个同学也一起站了起来走上了讲台，他们还没开口，但是我已经知道我这次的决定是正确的。"调皮队队长"开始检讨道歉，在他的带领下大家也开始了发言，他们检讨得很深刻，问题认识得也很到位。他们的发言结束后，其他同学竟然都不约而同地为他们鼓起掌来。我知道，这掌声不是肯定他们的行为，而是钦佩他们面对错误时的勇气和担当。此刻我这颗悬着的心也终于放了下来。

此次事件告诉我，不要带着情绪处理问题，把情绪"放凉"后才能够客观认识自己和理解他人。班主任工作要经常面对、处理和解决这样的问题，如果我们能时刻提醒自己把温度降下来，再去面对学生，解决问题，我想，我们和学生都会收获一次重新认识自己的机会。

（辽宁师范大学附属高新区实验学校　王君男）

千面是我

不知不觉,工作已半年有余。从学生到教师身份的转换,于我而言是有一定困难的。当学生时,你可以大方地当一个“甩手掌柜”,只需要听老师讲课、完成老师布置的任务就可以了。而当老师则不然。

一般情况下,在学校的每一天都像是在“行军打仗”。你会感觉自己就像是一个乘着战车的常胜将军,底下的学生就像是一群士兵,他们斗志昂扬,只待你一声令下,随时准备冲锋陷阵;班长和其他班委就像是骖乘和御者,陪伴在你的身边,是你的左膀右臂;有经验的教师就像是你的军师,为你出谋划策、指点迷津。为什么说自己就像是一个常胜将军呢?因为你的士兵们对你的命令不会有丝毫的怀疑,他们无比地信赖你、崇拜你,认可你的每一个决定,并且总是会义无反顾地去执行,你在他们的心中拥有着绝对的威信。打了胜仗,他们会聚在一起欢呼雀跃、举杯痛饮;打了败仗,他们会偃旗息鼓、垂头丧气。那么,如何率领这个集体走向正确的道路,便成为我这个“常胜将军”每天的必修课。我真心地希望我们能做到“常胜”,所以,面对不同的敌人,就会使用不同的计策。比如:上课时为了激发学生的思维,我常常先提出一些看法,以此来引导学生进行深入的思考,此一招名叫“抛砖引玉”;当学生内部产生矛盾,情绪比较紧张时,我会先使出一招“隔岸观火”,观望一下双方的状态,然后再去了解事情的来龙去脉并找到矛盾点,最后,再来一招“釜底抽薪”,让两个人彻底解决矛盾,不留下任何隐患。

偶尔,我们老师又变成了“判官”。通常,班长会将班里发生的大大小小的“案件”一一呈上,教师则表情严肃地站在讲台上,听眼前的几位“当事人”挨个陈述事情的经过，时不时还有旁听的群众七嘴八舌地议论着些什么。这时“判官”会无奈地向台下说道：“肃静！肃静！”议论声渐小，又偶能听到眼前之人的小声啜泣，不必说，其委屈溢于言表了，但作为稳重又正直的“判官”，我们是要人证和物证的。因而，大家伙便又热心地张罗着搜集证人证言。“老师，我看到……了”“老师，我也看到……”，有了这些证据，我们“判官”便可以向“当事人”求证此事，最终给出一个公正的“裁决”。

时而，我们又变成了暖心的哥哥姐姐，这些可爱的小朋友们听话、懂事，但也偶尔会有自己的烦恼，可能是和爸爸妈妈的一次争吵，可能是和同学发生的一些矛盾，也可能是学习中难以战胜的困难……这些心事，随着他们年龄的增长，慢慢变得不那么愿意和家人分享了，这时就需要我们班主任挺身而出，哪怕是作业中一句短短的鼓励语，或者是课下三言两语的关怀和疏导，都会让他们小小的心灵中萌发出一粒爱的种子，这些种子终究会生根、发芽，再将这些小小的温暖传递到外面的世界。

“随风潜入夜，润物细无声”，我生命中曾出现过许多影响我习惯和人格养成，乃至影响我人生轨迹的好老师。我一直坚信，教师这一行是凭良心做的，要对学生负责、要对家长负责，因为可能我们不经意间说的某句话，就会影响到学生，所以，哪怕只有一个学生因我一句话产生了向好的改变，我就是成功的。漫漫育人路，任重而道远，未来，我将在德、智、体、美、劳各个方面，将我所知倾囊相授，如此方不负“教师”二字。

（辽宁师范大学附属第二中学　王欣颖）

我的小淘气们

经常听朋友说我家某宝太调皮了，很难管教。其实这样的学生我们班级里也有，而且不止一个。不过我相信“事出有因”，没有无缘无故的淘气，只要我们用心去感受，走进学生们的心灵，用爱陪伴他们成长，我们的小淘气都是很可爱的。

记得有一部电影叫《好奇害死猫》，其实小朋友们淘气背后的原因多是出于好奇心。活泼、爱动、好奇是小朋友的天性，好奇心的驱使下，他们渴望去了解更多的事物。往往我们越不让看的、不让做的事情他偏要看、偏要做。记得刚开学没几天，班里的可心儿和几个小朋友就偷偷地在教学楼里上上下下跑了个遍。我知道他们很好奇，偌大的学校，都有什么。他们也想像探险家一样猎奇。那天我没有批评任何人，我突发奇想，要当一名导游，带着学生参观校园里的每一个角落，我们边参观边总结哪些地方不可以去，为什么不可以去，哪些地方危险我们要注意，怎样规避危险，我们总结得很细致，学生们既满足了自己的好奇心又收获满满。从那以后班级再没有小朋友因为好奇校园而让我操心。我想治愈好奇心最好的办法就是做一个懂他的人，在满足学生好奇心的基础上加以教育和呵护。

除了好奇还有一种淘气叫“想引起别人的注意”。我们班的小葡萄就是典型“案例”，他表现欲极强，很喜欢吸引他人注意，课堂上老师讲到他感兴趣的问题他就抢着说，发表自己的看法，引起老师的注意。有时学习内容让他觉得无聊他就搞点小动作让大家注意他。为了让小葡萄感受到这些行为是不合适的，那些日子我经常私下里找他谈心。谈心时我也学着像他那样抢话，搞点恶作剧，让他学会换位思考，教他做一个懂得尊重他人的人。聪明的小葡萄很快就发现了自己的问题，还主动和我说自己想怎样改正。当然,面对这样的小淘气做这些是远远不够的,他们需要我们用耐心去提醒和陪伴他们茁壮成长。我想这就是老师的"润物细无声"吧!

如果说我和学生们是砖,那么沟通就是水泥。有了水泥的连接砖房才会结实稳固。有一种淘气背后的原因是缺少沟通。说起沟通我们首先会想到语言,其实比语言更重要的是我们的态度。如果我们没有用真心和学生产生共情,无论我们说什么,在学生眼里都是高高在上的、强硬的操控。我的学生不管做了多么出格的事儿,我都不会生气,我会先等学生宣泄完情绪,站在他们的角度换位思考,再相应地提出我的观点,他们自然也就愿意接受了。有效的沟通,不在于说多少,而在于认真聆听、用心感受、换位思考,从一颗心靠近另一颗心开始。

最后我想说的淘气就是精力过盛的一种表现。随着学生年龄增长和各种能力不断地提高,我们提供给学生的活动环境和条件不能够满足他们的需要时,他们的精力没处安放,就会用一种淘气的行为表现出来。对待这样的学生最好的方法便是让他们把旺盛的精力彻底释放出来。课间去操场随心所欲地跑一跑,大汗淋漓地玩一场。回到教室以后再让这些学生完成一些细致的小事儿,如读一本书或者画一幅画,他们自然会安静下来。

走在教育的大路上,我想我还会遇到形形色色的"淘气包",不管未来的学生们有多淘气,我都会先找到他们淘气背后的原因,客观地对待问题,走进学生的内心倾听他们的心声,顺应学生的个性发展实施恰当的教育,让学生们在我的陪伴和指导下健康茁壮、阳光开朗!

（辽宁师范大学附属第二中学　朱璇敏）

没有一朵花，一开始就是花

没有一朵花从一开始就是花，每一朵花的绽放都要从种子开始！真正的花匠，是要自己发现每一朵花的美丽；真正的教育，是要自己发现每一个孩子的本真！

时光荏苒，一年的时间一晃就过去了，和孩子们的遇见，是那么幸运。我们一路同行，一路成长，一路收获。看着他们可爱的身影，总会想起那些温暖的回忆……

第一次见小益就觉得他是个特别的孩子。眼神看上去有些游离，虽然一脸乖巧地坐在座位上，但当老师和他四目相对时，他会略显局促。果然，开学一周，我就发现了他的与众不同。他的座位总有一堆纸屑，他的书桌总会增添一道道笔痕，似乎无穷无尽。课上不能按时完成学习任务，数学连线题，要求画一条直直的线段，他就是要拐个弯才画过去；语文的生字书写，不是多一笔点就是少一笔捺……课下他总是把自己的小手弄得脏兮兮的，也不愿意和小伙伴们玩耍交流；全班站队时，他总是站到队伍外面，在队尾游离着。

但他似乎又和一般的“后进生”不太一样，上课时他乖巧懂事，规规矩矩地坐在那里，偶尔还会回答问题。虽然正确率不高，有时还引来一阵哄堂大笑，但他仍在尽力融入课堂。为了改善这样的状况，我尝试着和学生家长进行沟通，事无巨细地将他在校学习、生活情况告知小益妈妈，期望家校配合，一起帮助学生解决问题。

在他身上我下了很多功夫，批评教育，课后辅导，可效果都不是特别明显，他总是坚持不了几天，我都有些泄气了。可有时望着他纯真又灿烂的笑脸，我想再坚持一下，是不是就会不一样呢？

就这样，我们俩共同努力着。课上，当他又专注于自己的小世界时，我会走到他面前,用善意且略带责怪的眼神看着他,当他及时改正,我就会适当提出表扬。课下,我会耐心辅导他写作业,几乎每天我都会对他说:"在老师心中,你可以做到,只要你集中注意力,相信自己。"我们两个还达成约定,他先试着每天提醒自己专心听课20分钟,随着时间的推移再一点点增加专心听课时间,21分钟,22分钟……逐步递增。带着这份对小益的包容,我始终在耐心等待他的成长。现在,他已经能够完整背诵一篇英语课文,能够自己独立完成一道应用题,能够在词语听写时一个不错……虽然这些对其他同学来说是相对简单的事情,可那又怎样呢?就算他现在像一只小乌龟一样默默爬行,但也许有一天能找寻到机会超越偷懒的小兔子呢。即使成长得慢一点,那又如何?这种努力与坚持的经历,也是他成长过程中宝贵的财富啊!

教育之旅,征途漫漫。真正的教育,从来不是点石成金、立地成佛的技巧,而是一段春风化雨、自然无为的过程。要相信,我们的教育一定会留下痕迹;要相信,有些改变正在悄然发生。每一朵花都有它的花期,迟开的花儿更需要阳光雨露。而这样的等待,何尝不是教师生命中一段不可复制的幸福呢?

(辽宁师范大学附属第二中学　王思然)

心有暖阳,静待花开

2024年3月1日,是我步入职场后经历的第二个学期的开学日。相比于去年新学期,我多了一丝从容与自得,许多从前被认为是天大的事,现在处理起来得心应手。在面对班级事务时,我更加理性了,内心也更加平和了。

这批学生是我带的第二届学生,同他们的相处已半年有余,对他们的感情有些复杂。初见之时,一张张小脸稚气未脱,笑容满面,仿佛看到了正在读小学四年级的自己,忍不住想和他们亲近。可是,为了更好地管理班级,我佯装严肃,并没有给他们留下好印象,就这样,我按部就班地处理着班级的各项事务。过了一段时间,孩子们开始显现个性,也许是长大了的缘故,他们开始倾听和认同老师所说的道理,虽然有时会犯错,但意识到自己的错误之后都能勇于承担错误并有所改善,这是在我短暂的教学生涯中觉得惊喜和欣慰的地方。因为有了这群纯真善良的学生,我动力十足,立志成为"娃娃兵们"的"常胜将军",带领着他们勇往直前。

一个月过去了,一些调皮的孩子开始浮出水面,课间走廊打闹现象时常发生,因此我的工作重点逐渐从教室内转移到了教室外,毕竟"将军"只有一个,于是我开始寻觅小帮手,安排了纪律组长监督、管理走廊的纪律,一周以后,这个现象就改善了很多,慢慢地,班级再没有因为走廊纪律不佳而减分,相反,我们这只"小军队"常常拿到流动红旗。尝到了甜头的调皮包,也越来越会约束自己的言行举止,而我,也越来越敢笑了。

学期过半,随着年龄的增长,学生的自我意识逐渐觉醒。同学之间也有了一些小摩擦,他们到我这里来告状,经常让我哭笑不得。尽管我表面上保持严肃,内心却在呐喊:“有在这断案的时间为什么不用在学习上?”嘴上还得继续调解、安慰、说道理。就这样,“常胜将军”化身“知心姐姐”“兼职法官”,每日断案。渐渐摸清学生们的脾气秉性后,我越发从容,可以装聋作哑,隔岸观火,发动群众,事情自然得到了解决。繁忙的学习生活之余,我们还一起完成了秋季运动会的准备工作、“班班有歌声”以及日常各种各样的活动和挑战,使得每一天都那么充实、精彩!

回忆半个学期的点点滴滴,不禁莞尔一笑。坐在办公室电脑前敲下的每一个文字,都是我成长的见证。曾经家里一位当过很多年老师的长辈告诉我,作为班主任,当学生出现问题时,你需要想好以什么样的方式对待你的学生是有效果的,若生气无用,那就不要生气。所以对待这一届孩子,我会更多地思考是谁的问题、怎么样解决问题、以什么样的方式更有效果。教育之路是漫长的,在看过许多教育方法之后我也会尝试着应用在孩子们的身上。事实证明,不同的方法在不同的学生身上会有不同的效果,而我也在这种不断重复的实验中渐渐形成了自己的风格与节奏。

每位家长、老师的内心深处也许都住着一个完美的小孩,我们试图照着这个标准,将孩子们变成我们想要的样子。但世界上从没有两片相同的树叶,孩子们并不会完全长成我们期待的样子,而大人应该要做的是学会接纳他们的不完美,努力守护,静待花开。

(辽宁师范大学附属第二中学　王佳楠)

以爱之名,用心教育

法国教育家卢梭曾说过:“爱是老师的阳光,要让它在孩子的心灵中每一个角落播洒。”教育是爱的产物,没有真诚的爱就没有成功的教育。因对教育事业的热爱,我走进了辽宁师范大学附属第二中学的大门,踏上了心牵梦绕的三尺讲台,成了一名人民教师。成为教师的那一刻起,我便坚定信念,愿用耐心、热心、爱心,去感化学生,陪学生们从花蕾初绽,直至繁花似锦。

2023 年 9 月,我有幸成为一名初中班主任,接到这个消息时,我深知这是一个挑战,既开心又担心,开心是因为终于拥有了属于我自己的一批学生,担心是怀疑自己是否有能力将班级管理好。那是我与孩子们的初见,正值夏末,午后明媚灿烂的阳光洒在操场上,犹如金色的绸缎一般披在了朝气蓬勃的孩子们的身上,树影斑驳间,孩子们身上的光芒绚丽多彩,正如他们的青春一般璀璨耀眼。我不由感慨,人间骄阳正好,风过衣摆,少年迎风笑。恍惚之间,我仿佛回到我的青春,回到了那个阔别已久的绿茵操场,回到了那个书香满满的教室,看到了扎着马尾辫的小姑娘在奋笔疾书……

从操场将学生带回教室的过程中,我发现班级里有一名特别的学生,他不似其他学生一般面对新同学时好奇而又活泼,他沉默寡言,低头不语,戴着一只闷闷的口罩,上身穿着灰色的防晒衣,双手插兜,慢慢悠悠地走在队伍后面,即使有人与他交谈,他也不理睬,这样的他显得格格不入。

后来,我询问了学校的前辈才知道,这个孩子在小学时便不愿与他人交流,独来独往,不愿学习,也不愿参与班级活动,对于班级其他孩子来说,他算是一个特别的存在。所以在正式开学的第一天,我格外关注他。他来到教室的第一件事便是立刻趴在桌子上,戴着口罩,不与任何人交流。于是我便找他谈心。十几岁的孩子个子比我高出了一个头,我要仰着头去看他,抬头看向他时,他的眼神四处闪躲,似乎并不愿直视我,最终他选择将头别向旁边,看向窗外,等着我“数落”他。恰恰相反,我扬起嘴角向他微笑,拍了拍他的肩膀,询问道:“面对我这个新老师以及这个新班级,你觉得怎么样?”他转过头,眼神中闪过一丝惊讶,他本以为我要批评他,却没想到我会关心他,于是低着头说:“没有。”我又语重心长地和他说:“你已经是一名初中生了,不能总趴着了,该听的课你要听,该写的作业你也要做,你在学校趴着是一天,学习也是一天,为什么不能尝试学习呢,你一直这个状态老师也心疼你。”或许是真的动容了,又或许是我想以苦肉计感化他,我红了眼眶,潸然泪下,他愣了一愣,笑着说:“老师你别哭了,你这招对我没有用。”好吧,我失败了。但在之后的几天我仍然坚持不懈地提醒他,督促他。后来我发现,这个孩子竟然愿意听课了,也愿意和其他孩子一起交流,性格逐渐变得开朗乐观了起来,甚至愿意主动参加班级集体活动。再后来,我发现他打扫教室认真负责,灵机一动,便让他担任了我们班级的卫生委员。从那以后,班级的门窗玻璃每天都干净整洁,放学值日他一定要把大家的桌椅摆放整齐才离开。有时下课还愿意来找我谈心聊天,经常以各种理由给我送来自己制作的一些小礼物、小零食,看见我烦恼生气,他还会跑过来安慰开解我。因为他的改变,一扫开学第一天“失败”的阴霾,我知道,用爱教育的初衷是对的。用真挚与宽容的爱去感化学生,教师真挚的爱渗入学生的心田,就会激起他们的情感涟漪,学生也会对教师产生信任与尊重,渐渐接受教师的教导,接受教师传授的知识。

教育家夏丏尊说过,“教育之不能没有爱,犹如鱼塘之不能没有水。没有爱就没有教育。”没错,教育不能没有爱,教师教育学生的方法不只是指责与训斥,不是只有“恨铁不成钢”的急切,应该是用耐心、热心与爱心将春风化雨,以爱之名,用心教育。

(辽宁师范大学附属第二中学　尹煜棋)

长长的路，我们慢慢走

十年树木，百年树人。作为低年级班主任，有些苦，有些累，但我曾下定决心，不论多么辛苦，我都要坚守岗位，将普通而又平凡的班主任工作做好。漫漫育人路，我曾无数次总结我的“作战”秘籍，可归根到底，无非是用爱心、用耐心、用恒心去陪伴，去督促学生们。

培养学生的良好习惯

身教重于言传，在平时与学生的相处中，我时刻严格要求自己，坚持“要学生做到，老师先做到”的原则。学生良好行为习惯的养成是需要长期坚持的。二年级学生由于年龄小、自控力差，纪律涣散，正确的引导和监督非常重要，于是我调动学生的自主性，和学生一起制订出详细的班规班纪，通过授予荣誉和发放小奖品鼓励他们遵守纪律，每周结束都会针对当周的表现做出总结。在日常学习中，我时刻注意发挥学生的主动性，经过我的努力，学生逐渐养成了认真听讲、认真写作业、下课好好休息、讲文明、讲礼貌的好习惯；我还在课堂中增加趣味游戏教学环节，吸引学生的注意力，从而组织好学生的纪律。为了培养孩子良好的坐姿，我会借助小口令等方式提醒他们，每次一看到有学生趴在桌子上写字，我都会说出小口令“坐姿——端正”“123——坐好了”，他们会马上高高兴兴地执行口令，坐得直直的；我会利用晨会课、班队课和学生一起学习学校规章制度，提醒学生做好课前准备工作，并且在课后注意观察学生的行为，根据学生的表现在他们中找出榜样，评选出“学习之星”“进步之星”“艺术之星”等，激发学生的积极性；教育从来就不是老师一个人的舞台，而是老师和家长一起携手合作的道路。我会及时通过微信群、电话、钉钉群等保持与家长的联系，利用送学生放学的机会和孩子家长交谈，了解孩子的家庭情况，并及时把孩子在学校的情况告诉家长。只有得到家长的支持，家校互相配合，才能更好地助力孩子的学习成长；培养优秀的班干部是班级管理工作的重要部分。在综合考虑我们班的实际情况后，我遴选出八名班干部，要求他们在学习和纪律等方面以身作则，“以点带面”加强班集体建设，我会定期和班干部谈话，指导和激励他们做好班委本职工作。小 Z 是我们班的班长，经过一年的锻炼，他真正发挥了班级小助手的作用。有了班委的协助，我的工作轻松了很多，我可以有更多精力去关注学生的全面发展与个性发展。

关心爱护每一个学生

作为一名教师，我会用爱心、耐心，公平地对待每一个孩子，发现孩子身上的闪光点和长处。在学习中，不让一个学生掉队。比如我们班小 H 同学是一个性格活泼的孩子，但上课容易走神，爱搞恶作剧，读课文音不准，学习成绩不是很理想。但我并没有对其置之不理，我经常利用休息时间一字一句地教他读准字音，抓住他的点滴进步，不断鼓励他，在其他同学面前夸奖他是一个聪明、认真学习的孩子。出人意料的是，小 H 现在竟然能流利地背下课文了，而且成绩也有了很大的进步。不仅在学习上，我还在生活中无微不至地关心每个学生，下课以后，我们班的学生喜欢跟我说知心话，有什么事情都愿意和我分享。上周五放学时，我收到了小 F、小 G 给我写的信，虽然信里有不会写的字，语句不通顺，但是却很朴实和真诚，这让我感受到了作为教师独有的幸福。

培养良好的班集体

我们是一个班集体，班集体是培养学生个性的沃土，有了这块沃土，学生的个性才能充分地展现。集体活动是最能培养学生的凝聚力和集体荣誉感的。每天早上我总是提前到校，到教室协助学生搞好卫生工作，这样，不仅能使学生逐步养成热爱劳动的好习惯，而且能促进学生时刻为自己的班集体争光，形成健康向上、团结协作的班集体精神。

发展学生个性,培养合作精神

我会鼓励学生参加学校丰富多彩的文体活动,比如:诗词大赛、书法比赛、朗读大赛和趣味运动会等,展示学生各方面的才能,发展他们的个性,在这次的班级文化建设中,我们班每个学生都参与了,动手动脑,献计献策,共同努力,最终取得了较好的成绩。

这一学期,时光荏苒,如白驹过隙。我和学生一起经历多彩的童年,虽然作为班主任,每天都是忙忙碌碌的,但我忙得高兴,忙得幸福,我看着孩子们在我的教导下健康快乐地成长,觉得无比欣慰。今后我将更加努力工作,坚持终身学习,不断完善和提高自己!

(辽宁师范大学附属第二中学　杨红玲)

赞美，让被赞美的人更美

班级里有一名学生，他的逻辑思维很好，但是因为贪玩、调皮，上课不认真听讲，课后不完成作业，他的物理成绩在班级里处于下游水平。平时这个学生的其他科成绩也是不尽人意，所以对于学习他把自己定位成学困生。最近他的座位被安排在了紧邻讲台的位置，在课堂上，我特别关注了他的学习状态，可能是离我近，因此课堂上他非常专注。在新授课结束后的习题检测环节，我刻意找了一道在他能力范围内的题让他作答。结果不出所料，他回答对了，我对他答案的准确性给予了肯定，并赞美了他在学习上取得的进步，同时带领全班同学为他的精彩表现鼓掌喝彩。被掌声包围的他有些害羞，也许他自己都觉得这份肯定来得太过突然，毕竟在过往的学习经历中他没有得到过如此隆重的肯定。

已经收获了老师的赞美和同学们的鼓励，他这节课一直全神贯注地在听课，认真地记录着知识重点，似乎想要向老师和同学们证明他们的赞美和肯定是值得的。虽然如此，但以我对他的了解，这份赞美换来的学习动力或许不会持续很久，我开始思考用什么方式能够让他有持续的学习动力，甚至把优秀当成一种习惯。

许是第一天的赞美和鼓励带来的成果吧，第二天批改作业的时候，我发现以往经常不交作业的他竟然上交了作业，虽然准确率有待提高，但能交上来就是好的。于是我在他的作业本上写道：“我看到了你的改变，期待你有更大的进步！”那天的课堂上，在我讲解作业的过程中，他的头抬得高高的，眼睛瞪得圆圆的，不时地和我进行眼神交流。通过他在疑惑时皱起的眉头、在理解时上扬的嘴角，我能感受到他整堂课认真的学习态度和颇丰的收获。下课后，还没等我迈下讲台，他第一个冲上来问我问题，当我把问题深入浅出地解答后，他频频点头，我也毫不吝啬地向他表达了我的赞美："你能够主动问问题，这真的让老师刮目相看！"望着他转过身后迈着轻盈的步伐离去，我感到他的周身都因为赞美而闪着光……

之后几天的物理课都有演示实验环节，每次实验操作我都会找他帮忙摆放实验器材，让他给同学们介绍器材的使用注意事项。这种无声的鼓励，似乎让他拥有了更强劲的学习动力，果然，接连几天的物理实验课他都保持了预习实验课知识的习惯，也会把实验具体的流程提前操作几遍，在实验结束后积极回答相关问题，甚至有时候还能为其他同学解答实验操作的困惑。

现在的他，课堂上听课认真，研究问题思路清晰，作业完成及时而且准确率逐渐提高。在学科检测中，他的成绩也有了显著的提升，而我，依然像以往一样，对他的每次进步都给予及时的鼓励和肯定。

我想，这就是赞美的力量吧，它会让被赞美的人慢慢变美。老师一句表扬、一句赞美会对学生的成长产生很大的影响，它们有可能改变学生看待人和事物的态度，解除他们脑海中的困惑，驱走他们内心深处的阴霾，让他们的学生时代因我们的赞美而变得更加值得期待！

（辽宁师范大学附属第二中学　代雅宁）

让教育有温度

有教育家曾经说过：“爱是教育的前提，没有爱就没有教育。”作为教师，只有热爱学生，特别是尊重、爱护、信任学生，使学生真正感到来自教师的温暖和呵护，教育才富有实效。那些在学习、思想、行为等方面存在一定偏差的学生，往往会被我们忽视和冷落。但殊不知，学生看起来最不值得爱的时候，恰恰是学生最需要爱的时候；殊不知，错过一个教育学生的机会，没准就错过了学生的一辈子。

在我的班级，有这样的一个学生，他很聪明，长得高大强壮，但好动爱讲话，个人物品常常凌乱不堪，座位周围也经常有很多杂物。上课的时候他经常会干扰其他同学，有的时候也自顾自地玩，甚至一支笔就能玩上大半节课。坐在他周围的同学换了又换，有的受到他的影响，也都开始不同程度地违反课堂纪律、影响科任老师的课堂教学，以至于老师们会经常向我反映他的问题。可是在我的课堂上他还算能“收敛”一些，也许因为我是班主任的缘故吧。我利用课余时间找他谈话，而他总是当时答应改，转头又管不住自己了。我也找到家长多次沟通，但都无济于事。时间长了，家长也不愿意管了，甚至寄希望于学校的心理老师，希望由心理老师来帮他们教育孩子。虽然家长的态度越来越冷淡，但是作为老师，我不能放弃对孩子的教育。因为我知道，每个孩子生来就像是一张白纸，只是经过了家庭、环境等后天因素的影响，行为上才出现了一些偏差，孩子的天性都是善良的，如果我们能加以正确的引导，我相信他们还是会有所改变的。

通过观察，我发现值日生在清扫的时候，他也想来帮忙，只是因为他做不好，所以没有给他分配清扫任务，好几次他都是想要伸手又缩了回去。想到他桌子上经常乱糟糟的，桌布的水晶板也铺不整齐，我就让他在放学后负责检查同学的桌面是否收拾整洁，有桌布铺歪的帮忙铺整齐。接到这个任务，他无比兴奋，像一部开足了马力的小马达，马上就投入到工作中去了。果然，在他的帮助下，全班的桌面整齐多了，我在全班同学面前隆重地表扬了他，表扬他工作细致、认真负责，并给了他一个大大的赞。得到我的表扬，他既高兴又不好意思。于是在接下来的几天放学后他更卖力了，他总是先把自己的座位整理好再去检查同学的座位，不仅工作积极性明显提高了，工作效率也大大提高了。正是因为他这样的表现，我对他的关注也格外密切，我发现，他不仅在卫生方面有了很大改善，在课堂上的听课状态也有明显的进步，好多次还主动举手回答问题呢。每当发现他有进步，我都会表扬他，给他小奖品以示鼓励，并把他的进步及时告知家长。听到孩子的变化，家长也是满心欢喜，对老师充满了感激。一天课间，我惊喜地发现我的办公桌上放了几颗蓝莓，经过询问才知道是他悄悄放过来的，他告诉我这是他亲手种的，刚刚结果了就迫不及待地摘下来让我尝尝。看着他羞涩的表情，我的眼里噙满了泪水，我知道是我的鼓励与真诚的爱打动了他。拿起一颗蓝莓放到嘴里，虽然有些酸涩，但我的心里却像吃了蜜一样的甜。班里的孩子也发现了他的进步，慢慢地愿意接纳他，甚至和他交上了朋友。

其实，班里像他这样的孩子有很多，作为老师，要让他们的闪光点发光，使他们感受到老师在真诚地鼓励他们、肯定他们。学生得到老师的认可和表扬，会激发出自己内在强大的学习动力，同时也会增强自信心。

我们不能因为孩子在某些方面存在不足，就用有色眼镜来看待他们。多一些耐心，多一点关心与爱心，不仅可以增强孩子的自信，还可以带动整个班集体的进步。班主任工作虽然辛苦，但是不枯燥，因为我们面对的是一个个各具特色而又鲜活的个体，看到他们的进步，即使付出得再多，也是值得的，内心的那种喜悦也是只有做班主任的才能感受得到。多给学生一些关爱，让孩子们体会到温暖，教育才会真的成为有温度的教育！

（辽宁师范大学附属高新区实验学校　马夕雯）

心如止水

——我和我的职业

待我归来时，会有满身荣耀的光，
那是乐途攀登中得到的礼物，暗夜蜕变时丰满的翎毛，
是你爱慕的，也是我所喜悦的。

纵向贯通　横向协同

——大中小学思政课一体化实践经验浅谈

党的二十大报告强调:"用社会主义核心价值观铸魂育人,完善思想政治工作体系,推进大中小学思想政治教育一体化建设。"推进大中小学思想政治教育一体化建设,是落实"'大思政课'我们要善用之"的要求,是社会发展客观需要,是对学校思想政治教育的更高要求和系统化部署。为深入贯彻习近平总书记在学校思想政治理论课教师座谈会上的重要讲话精神,全面落实《中共中央 国务院关于新时代加强和改进思想政治工作的意见》精神,辽宁师范大学附属第二中学(下称"辽附二中")按照《大连市大中小学思想政治教育一体化建设省级试点工作实施方案(试行)》要求,积极推进市大中小学思政课一体化建设,联盟学校、实践基地校工作,积累了阶段性的实践经验,呈现了良好效果。

辽附二中是九年一贯制学校,采用在连高校和地方教育行政部门合作模式。双方共同探索素质教育发展规律,共同培养高素质教师队伍,促进了教育区域均衡,推动了地方经济发展,为横向协同打下坚实基础。同时,学校的发展得到辽宁师范大学、辽宁师范大学附属高中的全面支持,既立足整体,又兼顾不同学段学生的身心发展规律,为纵向衔接提供了有利条件。凭借上述优势,结合教育教学工作实践,我们深刻认识到一体化建设的重要性:"一横",将思政课程与其他学科课程有机融合,将教育场域覆盖课堂内外;"一纵",将小学、初中、高中学段全学科、多渠道贯通联动,将中小学教育实践与高校智库理论支撑紧密结合。我校推动完善"一横一纵"的过程,是构建大中小学思政课一体化、立体化、全程化、动态化建设的过程,也是完善思想政治工作体系、落实立德树人根本任务的过程。我们主要做了以下工作。

一、管理体系一体化

坚持党建引领，发挥教育合力。得益于师范类高校附属学校优势，我校以大连市大中小学思想政治教育一体化建设试点项目为依托，联合辽宁师范大学马克思主义学院、附属中学高中部，成立了思政德育联合党支部。在支部共建、党建引领的方式下，设计并开展了以大中小学思政课一体化建设为主题的立项活动，同时配合开展主题党日活动、课程思政建设活动、专题培训、集体教研、专项科研等，强化党组织对大中小学思政课一体化建设的政治领导，使党建与业务双融双促。创立同学段跨学科协同的大教研组，挖掘思政元素，寻找其他学科与思政教育的共性，做好全课程育人，避免对学生进行单一、枯燥的思政教育。创立同学科跨学段贯通的大教研组，结合学生阶段性学习特征，强化小初高思政教学内容衔接，做好全过程育人，避免对学生进行重复、脱节的思政教育。

二、思政教学贯通化

基于思政课课程目标逻辑统一的需要和学生认知规律的教学实效性提升需要，我校创立了同学科跨学段贯通的大教研组。"大教研"打破了学段之间的现实壁垒，加强各学段之间在课程内容、资源共享、教学共通方面的交流与合作。教学实践中，我们定期组织大中小学联合教研，确立各学段的目标、重点以及一体化的形式、内容，拓展了德育、思政教学思路，提供了很多行之有效的教学方法。例如以"家风"为主题的跨学段同课异构活动，小学课堂开展启蒙性学习，用看到、听到的内容启蒙道德情感；初中重在体验学习，打牢思想基础；高中开展议题式讨论，旨在培养法治意识，提升政治素养；大学进行探究，深入了解家庭与国家的关系，增强使命担当。

三、学科课程协同化

创立同学段跨学科协同的大教研组，深度挖掘学科课程思政教育要素，体现思政教育要素的系统性、实践性和创新性，促进各类课程与思政课程同向同行，形成协同效应。将各学段德育目标内容有机融入各类课程之中，并积极探索与创新，形成以思政教育为先机的学科教学模式，以思政学科为主阵，语文、历史为骨干，其他各门课程为支撑的学科德育课程体系，发挥所有课程的育人功能。同时，我们注重提升教师在课堂教学过程中自然融入思政教育内容的能力，例如小学围绕爱国主义这一主题开展全课程育人活动。语文教师统计了教材中所有涉及爱国元素的课文，编辑成革命人物志，通过《吃水不忘挖井人》《八角楼上》《刘胡兰》《黄继光》等课文讲述革命先辈们的伟大事迹；数学教师在关于分数四则运算、比例问题、约分数等数学问题的教学中，渗透了《周髀算经》《九章算术》等中国古代数学典籍，帮助学生了解我国古人的智慧；体育教师排练升国旗队列时，讲述升国旗的重要意义等。

四、思政教育延伸化

思政课绝不是局限于三尺讲台的小课堂之中，实践活动将会提供现实情境下更广阔的天地。我校课后服务在落实“双减”要求的同时，整合特色课程资源，成为思政教育的第二课堂。2023 年，我校成为“辽宁师范大学国家语言文字推广基地——甲骨文特色教育示范校”，将甲骨文与思政教育融合，激发课程建设的活力，开展“我是甲骨文讲解员”和“探秘甲骨文”的主题活动，不同学段有不同深浅层次的设计。我校特色的文化节、艺术节、科技节、体育节，均本着一体化的原则，大力挖掘中华优秀传统文化、革命文化、社会主义先进文化的教育教学资源，寻找与思政教育的契合点，提升协同效应，发挥实践活动中显性和隐性的育人价值。丰富多彩的实践体验让德育工作“活”起来，拓展了学生的眼界，提升了实践能力，增强了社会责任感，更促进了学生自主养德能力的提高，使思政教育效果水到渠成。

最后，我认为大中小学思政课一体化的推进需要多个部门甚至全社会协同配合。学校的类型和条件各不相同，在一体化建设的具体操作上会面临各种难题。比如在各学段思政课的纵向贯通上，衔接机制并不完全畅通，大中小学之间不同频、“跨界”意识不强。希望教育行政部门或一体化建设指导小组完善配套支持政策，搭建大中小学互联互通的桥梁。此外，我们基础教育工作者和高等教育工作者期待能有更多专业化的培训研讨平台，实现思想政治教育资源的共建共享以及一脉相承的大中小学思政课系统化、立体化、层次化的统编教材体系，为一线教师提供更清晰的方向和思路，真正实现大思政课程理念、课程目标、课程内容、课程教学、课程评价一体化。

（辽宁师范大学附属第二中学 黄冰凌）

让教育开出花

空闲时浏览某平台，看到很多老师，尤其是年轻老师们在发帖子吐槽抱怨。有讨厌开会的，有讽刺领导的，有内涵家长和学生的，有批评校园活动的……再展开下面的评论一看，更是让我触目惊心，汗流浃背，只能匆匆离开，不敢再多停留一秒。

心情平静后，我常常想，其实我也是这样抱怨过的吧，因为走上教师岗位后，我真的发现，很多事情跟我曾经在象牙塔里想得不太一样啊。所以我便觉得，这些年轻的老师们是情有可原的。但是在这情有可原的背后，我又为他们感到难过和悲哀，因为从那些如刺般的文字中，我读不出他们对教师这份职业的热爱与尊重，更不读出他们的职业幸福感。

这时，有人可能会立刻跳出来反驳：“你当领导的当然站着说话不腰疼，让你天天上课、批改、教研、比赛，还当班主任，你幸福啊？”如果真听到这样的话，我多想当面告诉他：“是呀，我幸福呀！”虽然这些事情会让我很辛苦，但是辛苦从来就不是痛苦啊！一个人一辈子在做他从小就梦想而且喜欢的事，怎么会不幸福呢？

儿时，从第一个人问我长大了想选择什么工作的时候开始，我的回答就只有一个——我想当老师。就算高考估分后老师们都劝我，这么高的分数，报个综合性的大学吧，我还是毅然决然地从头到尾把师范院校填了个遍。这份早已沁在血液里的热爱，让我愿意为它去背负责任，甚至负担。哪怕现在有幸承担了一些学校管理的工作，但我依然觉得“老师”才是我最美丽、最闪光的名片。所以，如果你在课堂上看到慷慨激昂、风趣诙谐的我，在校园里看到活力满满、笑意盎然的我，在下课后看到跟学生们一起打雪仗、聊八卦、追明星的我，你一定会相信，教师这个职业给了我多么大的幸福感与满足感!

我想,教师的职业幸福感从来就不应该来自于两个月的寒暑假和所谓旱涝保收的"金饭碗",功利化的思想铸造不出优秀的教师,也赋予不了"教师"这个称呼任何意义;教师的职业幸福感也不仅仅来自于一节节优质课、一张张证书、一个个课题、一篇篇论文……这些结果的背后带来的自我成长才是让我们能体验到幸福感的源泉。只有在不断的学习和历练中打磨自己,你才能看到三尺讲台上的游刃有余、手到擒来,才能看到班级管理上的驾轻就熟、信手拈来。更重要的是,在这个过程中,你会看到同事们眼睛里的敬佩,家长们眼睛里的信任,学生们眼睛里的光芒。然后,你会看到一个不被辜负的自己,看到你的热爱、你的坚守都在化成那股叫作"幸福"的涓涓细流,蜿蜒在你人生的漫长旅途中,滋养着心灵的绿洲……

所以我想说我是幸福的,同时我也是幸运的。在求学的近二十年里,是我遇见的每一位老师让我看到了教师这个职业的崇高与伟大,让我小小的心里早早就埋下了教育的种子;在初到岗位上青涩懵懂的那几年,是我身边的每一位前辈老师让我看到了教师这个职业的辛苦与充实,让我更加坚定地愿意走在这条累并快乐着的教育之路上;如今,当我的角色有了小小的变化,我更欣喜地看到我身边的年轻老师们也正在用自己的热情与执着重新定义着教书育人这个古老却常青的职业。三尺讲台上的他们正用自己飞扬的青春编织着五彩的梦想,谱写着教育的芳华!尤其是"双减"政策落地以来,提高课堂效率,开展特色课后服务,创造性地进行作业设计等其实是对老师们提出了更高的要求。可是我们的老师不抱怨辛劳,不计较得失,他们深深地扎根在辽附二中这片教育热土上,以爱做养分,用心去浇灌,让我们在每一个孩子的脸上都能看到教育之花的绽放。

洋洋洒洒千言,毫无技巧,唯有情感。最后,如果要让我再谈谈对这份职业的看法的话,我想那就改写几句歌词吧:让教育开出花,伸出新长的枝丫,帮孩子们心中的雪融化,带他们去看这世界的繁华;让教育开出花,乘着梦想的云霞,帮孩子们飞上最高的山顶,这是对老师最好的回答……

去热爱吧,去幸福吧,让我们的职业更有价值,让教育开出最明艳的花!

(辽宁师范大学附属第二中学　王川)

从愿意到热爱

——我是生物教师

“流光容易把人抛，红了樱桃，绿了芭蕉”，蒋捷的《一剪梅·舟过吴江》中的这句话让我眼前瞬间出现了一个身影，那是2007年8月下旬的一天清晨，刚刚大学毕业的我背着书包，整理好衣装踏进了辽宁师范大学附属第二中学的大门。从那一天起，我成了一名中学生物教师。但那时我并不知道“教师”的真正含义是什么，只是觉得自己找到了一份和专业对口且还算愿意做的工作而已。那一年，我23岁，风华正茂。

从宏业街59号到红凌路607号，曾经的期许固然美好，而时光短暂的停留更像岁月的美丽回眸。十七年的时光温柔了岁月，黑板上的粉笔指引着我，前辈的谆谆教诲和不吝赐教鼓励着我，学生们的真诚笑容和求知欲望激励着我。今天的我试图去追寻这段逝去的时光——还是同样的夏天，背起回忆的行囊，去重温自己对这份职业从愿意到热爱的过程。

慢慢地我懂了，教育是这个世界上最奇妙最有趣的事情。生活发生的任何变化——科技的进步、社会的变革、经济的飞跃等等，都会产生蝴蝶效应，影响着教育的发展。比如，智能黑板的出现、网络的发展，让课堂教学模式发生了改变，传统的“一根粉笔走天下”的课堂模式逐渐被取代。教师在这些变化中要不断学习新的技术和掌握新的知识，才能与教育的变化同步。能够养成持续学习的习惯，是这份职业带给我的最好礼物。通过学习，我的课堂设计不断创新，课堂中的讲授也能够吸引全班同学的目光，下课前甚至能够看到学生们意犹未尽的眼神，这一瞬间的幸福感是别人不能体会的。

慢慢地我清楚了，教师不是单一的职业，它更是很多个职业的综合体。我们虽然从事的是教育行业，但是需要专业知识、教育知识和心理学知识。比如，我主教生物，但是与生物学相关的地理学、历史学等基本学科知识也要掌握，正是在对知识的不断更新中，我体会到了学习的快乐和学有所得的成就，才能将自己的经验通过课堂传递给我的学生，让他们真正地知道学习的快乐到底在哪。师者要博学善导，牢记使命。

十七年来，从一名懵懵懂懂的大学毕业生，带着激情和蛮力撞进了这个职业里，有时候在忙碌中失去了方向，有时候在困境中跌入泥沼。但市井长巷，聚拢来是烟火，摊开去是人间。在该奋斗的岁月里，我拼尽全力。老师的价值是能够出现在学生的人生里，往往不经意的一句话、一个动作、一个眼神，就会改变一个学生的一生。"我真的很荣幸出现在你的生命里"，这是我常常对学生说的话，我也一直相信一个学生遇到一个好老师是他的幸运，一个学校拥有一批好老师是学校的荣耀，如果一个国家不断涌现出一批批好老师则是国家的希望。

我将继续奋斗下去，为了热爱。

（辽宁师范大学附属第二中学　由嘉）

让我如何感谢你

熟悉我的大多数人都说我适合当老师，甚至认为我天生就是当老师的材料。然而，他们不知道的是，做一名老师其实是我母亲的愿望，而非我的选择。十六年前，当我因做老师还是当公务员而两难的时候，母亲在电话里说，做老师吧，女孩子家，当老师既稳定又体面。我几乎不假思索地答应了，因为对于彼时刚刚失去父亲的我来说，遂了母亲的心愿是我能尽的最大孝心——我知道，母亲一生的心愿就是做老师，而她一生的遗憾却是没有做成老师。

就这样，我走上了讲台，带着母亲的梦想，以及自己的懵懂和无畏。

面试的那天，我站在校长办公桌的对面，等待她一页一页翻看我的手写简历。对于我的字她是很欣赏的，当看到我在特长那一栏里写的是"舞蹈"两个字时，她的眼睛似乎更亮了，当即让我跳一段，我脱掉了近十厘米的高跟鞋，在她办公室的钢琴旁开始了表演。不知是那一手还算漂亮的字抑或是那段即兴舞蹈的缘故，我在那一年的九月，成了辽师二附中的一名语文老师。

上班第一天，我的第一堂语文课，上课铃刚响，一位短发女老师便拎着凳子坐到了教室后头——她是来听课的。后来我才知道，那是同为语文老师的校领导。

上班第一个星期，我的第一节作文课正逢区进修学校下校调研。那堂课是一节写作指导课，稚嫩如我，青涩如我，甚至连教研员是做什么的都不知道，竟然也无知且无畏地把课讲了下来。课后，教研员的评价是：这小姑娘综合素质很不错。这份懵懂与无畏像极了这节作文指导课的题目——《这就是我》。

现在想想，我的这两节课一定是不知所云的吧，以至于我从来不敢回想它们的内容，生怕会加深误人子弟的愧怍。那首歌是怎么唱来着？“就让往事都随风都随风……”

好在，悟性还算不错的我在跌跌撞撞的懵懂中，渐渐成长着，蜕变着，也开始在不同级别的比赛和教研活动中得到了磨砺和锻造。

我本以为自己已经算得上是一名合格的语文老师了，可是那次经历，却给了我当头棒喝。在听完我的一节古文课后，新一任教研员给出很多评价和建议，但我只记住了一句话——文坛，你的年纪不大，但是教学方法可太老套了。这句话像一把滚烫的烙铁，灼得我耳颊发红，我决心开始改变！

我找来语文特级教师余映潮的所有音频，利用上下班途中的时间反复地听，一遍又一遍地学。之所以选择这段时间，是因为我白天的时间被工作填满，晚上的时间被照顾年幼的孩子填满，只有上下班途中的时间是独属于自己的。我就这样孜孜不倦地吮吸着，汲取着，直到听到他说完上句，我能对出下句；直到把他的音频整理成文字稿继续反复地琢磨和品咂……我不信，我不是一名合格的语文老师；我坚信，我的教学方法一定不再老套！

校门口的玉兰开了又谢，谢了又开……

我做到了，真的做到了。不久后的一次比赛，上的还是古文课，我的成绩是省二等奖，那些上下班途中学习到的，那些朝乾夕惕反思过的，已经在不知不觉中涵养了我的语文课，润泽了我的语文课，甚至惠及了我的生命。

我知道，语文老师，于我而言，何止是一份职业——一份听从了妈妈建议的职业，它竟然可以是我的事业，我的追寻，我的仰望，我的骄傲……

渐渐地，校门口的玉兰几番开了又谢，我也开始有了一批又一批的毕业生，这份做语文老师的价值感和成就感也随着他们的长大而愈发强烈。当远在他国读书的学生告诉我他获得了所在国家华文征文比赛一等奖的时候；当身处重点高中的学生告诉我因为他在语文课堂上精彩的回答而引得语文老师询问他所在的母校以及初中语文老师姓名的时候；当已是美国硅谷高级程序员的学生告诉我，虽然我仅仅教了他一年但却足以影响他人生观和世界观建立的时候；当在大学中文系读书的学生告诉我他依然怀念初中语文课堂的时候；当已是清华大学医学生的学生告诉我，她的语文底子是我帮她打下来的时候；当不止一个学生告诉我，因受到我的影响，自己也要成为一名语文老师的时候；当我的学生模仿我的字体，甚至超越我的时候；当家长们告诉我，他们的孩子讲起自己的语文老师有多骄傲的时候；当家长们因为看了孩子的随笔和老师的批语而情不自禁地给我留言表达感动的时候……甚至，就连我正在读五年级的儿子也告诉我，他的愿望是当一名语文老师的时候——我知道，我应该真的算是一名合格的语文老师了，因为，我对他们的影响是积极的，并且深远的。

请让我大声地告诉全世界：“我自豪，因为我是一名语文老师！这个世界上恐怕再没有一个职业像语文老师这样吸引我，烛照我，滋养我！”

汪国真说：“让我怎样感谢你，当我走向你的时候，我原本只想收获一缕春风，你却给了我整个春天。”

我说——

“让我怎样感谢你，我的母亲，是你在我茫然时的择业建议，让我收获了无与伦比的职业幸福和快乐”；

“让我怎样感谢你，我的父亲，是你在我 14 岁时的果断抉择，让我放弃走上舞蹈的专业之路，才成全了日后成为一名语文老师的我”；

“让我怎样感谢你，我的职业，当我走向你的时候，我原本只想慰藉母亲的忧思，而你，却给了我整个世界！”

（辽宁师范大学附属第二中学　刘文坛）

老师，你在笑什么？

把时间拨回到21年前6月的那个下午，我拿着自己已经填好的高考志愿表走到班主任老师的办公室，亲手交给她。老师看了一下上面的信息，一水儿的师范院校。她问我原因，我只是很由衷地表达了“想当老师”的简单愿望。她笑了笑，便收好了表格。

其实我没有完全地说出实话，“想当”的原因不在“传道授业”的夙愿，而在骨子里难以按捺的表达欲望以及从学生视角感知到的校园浪漫与简单。毕竟十八岁的我还是那个看过国内初代爱豆校园剧的我，对于另一种视角的校园恐怕是抱有什么误会的。所以老师的笑，应该是一种“既已上路，不可回还”的无奈吧。

2010年9月7日，我第一次站在了讲台上，之所以至今让我记忆清晰的原因不是课桌到讲台的视角转换，而是那句“老师好！”的问候。从那一刻起我知道，我是老师了，终于可以滔滔不绝地输出了。然后，“既已上路，不可回还”了。

窃以为，教育的前提是仰望，若无服众之本领何谈对灵魂的塑造之能？所以为师之初，便抱有一种愿望：把“课堂”做成“讲坛”。知识是利剑，话语即万军。从兴趣出发，逻辑缜密的设计，生动而富有吸引力的语言酝酿，甚至为了战争史的课程带全班同学玩沙盘军推。但效果往往不尽人意，挫败与不解束缚着我，有这么一种疲惫的声音在呐喊：“这就是一份工作，而已。”

这时候我想起班主任老师的笑，她可能就是这个意思。

随即我收获了职业生涯的第一次主动思考：课堂难道不是拥有学识就能操控的吗？把这个问题抛给了邻座办公的姐姐，她给我的答复总结起来只有四个字：“不怒自威”。很遗憾，到今天已经过去十五年了，我还是没有做到。看见了吧，这篇文字里没有苦尽甘来以及大团圆，只有很现实的自我摸索，我愿称之为“瞎混”。

有什么“瞎混小妙招”呢？起初，我想把历史课堂做成一个“时空隧道”，穿越古今，睹物思人，也算是另一种形式的“格物致知”。从那时起，收集老物件当教具成了我的一个小爱好。夏商时期的碎瓦片，秦汉年月的城头砖，路易十六之前的老怀表，满铁制造的铁路牌子……把生活过成博物馆说的就是我了。在历史课堂上，这些不是物件，乃是“法器”，充满吸引魔法的道具，围绕着一件件来自时间远处的小精灵，它让我和学生都得到了满满的参与感。

但你知道“不识货”这个词吧。对，那就是没过几个月以后的课堂状态。在顽童眼里，司母戊鼎可能真不如网红店的火锅有吸引力。人生很多的阶段中，不如意就是一个常态。大家都是不可离地三尺的普通人而已。

这时候我想起班主任老师的笑，她可能就是这个意思。

于是在愤怒之余我收获了第二次主动思考：要怎么树立专业自信才能掌控一节课？既然每个四十分钟都像跨越鸿沟的旅行，近在咫尺，却难上加难，那不如就走出去吧！这次我要做一个亲历者。从那时起，“坐地日行八万里，巡天遥看一千河”的日子成为我生活重要的组成部分。从黄河岸边的夏、商、西周古都到葡萄紫的爱琴海，荷马口中的希腊，如同一只勤奋的小燕子，我在不停的起落之间于时间的湿地上留下了可爱的爪印。在殷墟二里头的土坡上感受上古文明的洪荒之美，在奥林匹亚的日落下摆一个预备起跑的造型……

旅行中的突发事件和心理挑战一点儿不比课堂执教时少，有的时候可能更甚。在频繁应对中，我渐渐明白，经年累月的改进、思考、失落、懊恼，其实都来自太过“进取”的茫然。什么才是课堂的有效管理者？这并不是一个新课题。因为从孔子、庄子到荷马、柏拉图都已经表达得很清晰了：或在杏坛溪水边，或在树荫转角处，那轻松交流，弦歌不辍的一群人，聊的生活即是知识。平静放松不求“进取”的无目的交流，或许才是有目的地获得知识的最好方法。在这段思考旅程中我渐渐理解了学生与课堂，他们从来不是我对决的敌人，乃是我应该拥抱的伙伴。

你若好为人师，终究不可为师。

直到今天，我也不太理解老师的笑具体包含了哪些意思。可能终己一生也不会知道的。因为对事物的想法主要归因于自己。柏拉图曾经阐述过世界的“理念境界”与“现实境界”,在他眼中理念总要好于现实。不过在不断思考与追求进步的我们每一个人看来,现实虽然难免不太平顺,但颠簸的崎岖也许就是抬升通达理念的阶梯吧。这是我的又一次主动思考的答案。

生命是人的光,而思考就是光发出的热。带有温度的生活不仅真实有力,更能帮助我们理解时光的点滴。将职业融进生活中,不是什么高妙的见解,乃是一种人生的必然。职业就是我们锚定人生的途径。很多民族的传说中都会有历险记类的故事,除去精彩的情节,这些祖先的智慧最想告诉后辈的是鼓励我们尽量找到属于自己的位置。所以,这并不是什么人生大戏、角色扮演。若非要如此置喙,那么谁不希望来一场或华丽绚烂或磅礴伟大的演出之后再谢幕远遁呢?职业作为生活的一部分,从来都不应是负担,若看作是呼吸吐纳般必须,就能欣然接受、时时想念、处处关心了。

(辽宁师范大学附属第二中学　刘子申)

爱的力量

陶行知先生曾说:“爱是一种伟大的力量,没有爱就没有教育,教育最有效的手段就是爱的教育。”而那“四块糖果”的故事让人无限回味。在陶先生任校长时,一天他发现一个学生用泥块砸同学。他当即予以制止,并令这个学生放学后到校长办公室来。刚一放学,这个同学就等在办公室门口,陶行知立即掏出一块糖果奖励他按时来到这里;接着又掏出一块糖奖励他在不让他打人时能立即住手。第三块糖则奖励他正直,不让同学欺负女学生,有跟坏人作斗争的勇气。这时,这个同学哭了,说:“我错了,我砸的不是坏人,是我的同学……”陶先生满意地笑了,随即又掏出一块糖递过去,奖励他能正确认识错误。

每每想起这个故事,我都会想:是什么情愫挑起了陶先生这样的育人灵感?我想,答案很简单,那就是陶先生心中对学生的那份真爱。正是这份质朴的爱,让陶先生本已满腔怒火的心平静了;正是这份质朴的爱,让陶先生点石成金的灵感迸发了。四块糖果虽小,却有可能改变这名同学爱欺负人的坏习惯,在他幼小的心中种下“正能量”的种子,将来为家庭培养一个好孩子,为学校培养一名好学生,为社会培养一名好青年。

陶行知先生常说,“在我的教育里,小孩和青年是最大,比什么伟人还大。”我想,如果不是打心眼里喜欢学生,哪说得出来这样的话啊。作为教师,爱学生首先要尊重学生,也就是尊重学生的人格和个性,不能凭自己喜好而随意贴“好学生”“坏学生”的标签,更不能简单用成绩把学生分为三六九等。当老师的都知道一句话——恨铁不成钢。我想,正是这一个“恨”字,让我们失去了耐心和冷静,那种“四颗糖果”

的睿智教育法从此绝缘，学生身上的缺点不是被更改，而是像荒草一样在蔓延、放大。有一次，我在海边散步，发现海滩上有一个小东西亮得刺眼。我以为是珍珠，忙跑过去低头一看，原来是一块碎玻璃。究竟是什么让它在这一瞬间如此璀璨？我想，是天空中的阳光。这也让我想起了我班上的学生，他们不是十全十美的，也不是一无是处的，他们能不能在求学路上绽放光彩，就看我这片天空是阳光明媚，还是乌云满天。我想，如果学生是一朵含苞待放的花蕾，教师的职责就是让他们在这束温暖的阳光里绚丽绽放。

如今，我已经成为母亲。这也让我更加深刻地体会到一句话——疼爱自己的孩子是本能，而热爱别人的孩子是神圣！人世间，拥有最多热爱别人孩子机会的职业就是教师。没有对孩子的爱，就没有教育，老师是蜡烛，在孩子们心里点燃希望，并且照亮他们的一生。是啊，关心、爱护学生是教师的天职，爱为师德之本，爱为教育之魂。我想，我们每名教师只有既当慈母又当严父，在学习上严格要求，在生活上更要关心爱护，才能真正成为学生的良师益友，只有这样，才算是尽了教师的本分。

“捧着一颗心来，不带半根草去。”作为一名教师，我永远视陶先生为我的榜样，爱学习，爱学生，爱事业，爱生活。在今后的工作中，努力做到把关心留给社会、把热心留给学校、把忠心留给教育、把爱心留给学生、把真心留给同事、把耐心留给自己，用心去工作，用爱去育人，为教育事业尽自己微薄之力。

（辽宁师范大学附属第二中学　富芳芳）

平凡的追梦人,教育的守望者

寒暑更迭,素笺轻展,回想成为一名教育者以来的几载,不禁慨叹——忙碌而紧张,但却充实了我的时光,见证着孩子们的成长,欣喜并充满希望。作为一名语文教师,一名班主任,虽然没有惊天动地,也鲜有豪言壮举,但是这份平凡之中,无时无刻不倾注着我对学生们的爱。

看似平凡而重复却有滋有味

我爱美好纯真的孩子们。因为这份热爱,让我拥有了更多的能量和动力。从家距离学校 20 公里的路程,每天比太阳起得还要早一些,开始在班级里等候和迎接同学们的到来。一些学生的父母由于工作的原因不能按时接孩子放学,孩子缺少父母的陪伴,这个时候我又变身成为他们的父母、朋友,看看今天的作业,聊聊他们"成长的烦恼"。每天无论怎样繁忙与琐碎,无论要参加多少会议,我给自己立下规矩,那就是永远不能忽视任何一名同学,必须完成当天作业的批改……放学的铃声早已响过,关上门,与夕阳为伴,带着满足,一起回家去。回到家以后,是我和家长们沟通的好时间。月光如水,树影斑驳,喧闹的城市不知不觉也静了下来,又到了我为自己充电的阶段了。

这时候,它们成了我的伙伴——《小学语文教与学》《小学语文教学》《小学语文》等,每年恨不得订购所有和我的教育教学密切相关的期刊,为自己在教学上不断补充活力。

为了引导同学们多读书,热爱传统文化,我还组织班级开展了"诗词吟诵会""百家小讲堂”等活动。提起古诗吟诵，这是这几年我最大的挑战和收获。古诗是宝贵的传统文化，几年来，我潜心学习和钻研古诗吟诵。每天晚上 9 点参加微信群的直播课程，有幸的是我的吟诵教案被选入全国吟诵平台展示。还记得那是一个参加研究生监考前的周五，晚上 9 点接到通知，连夜整理述课稿，而第二天周六还要保持清醒完成监考任务，当天晚上 9 点在平台上述课。这次，我发现其实自己还有更大的潜力和能量。

我喜欢和同学们一起在诗中徜徉，穿越时光，与圣人对话，有时还在笔尖下用古诗的形式流泻出一时的感受。希望他们不但能成为发扬经典的人，更能以此为根基，未来成为创造经典的人。

看似平凡又重复的工作给我带来了满足和快乐。

一滴水也可以折射太阳的光芒

爱就是责任。严中有爱，对每一名学生负责，特别是对于学困生和特质生，我倾注了很多的心血，一个也不放弃。就拿曾经班里的一个小男孩来说吧，他原本是一个比较散漫的学生，总是完不成作业，经常用谎言应对。和家长多次沟通，严厉批评，仍无改变。我翻阅了各种书籍，与诸多经验丰富的教师沟通，找到了突破口。我觉得他还是对自己没有一个明确的目标。于是我换了一种方式与他单独谈话，拍拍他，恳切地说：“你不愿意放弃自己，你也希望自己变得优秀，老师愿意帮助你，你信任我吗?”他眼泪打转，猛点头。此后，我总是提前给他透露一些学习上的任务，让他提前练习，完成得好时再当众表扬，这让他有种跳一跳能够得着的感觉，帮他树立了信心。他的谎言也越来越少了，期末考试中也取得了不小的进步。他甚至还用思维导图的形式整理了单元的知识点，让我倍感欣喜。俯下身来从学生的高度去教育学生，做一名智慧型、有温度的教师，这就是这份平凡的工作中所带来的无法替代的幸福与满足。

纪伯伦说：“不要因为走得太远而忘记为什么出发。”在这如水的光阴里，我愿在这片热爱的天地中，不断挑战自我、突破自我，用爱陪伴、让爱芬芳，做一个平凡的追梦人、一个教育的守望者。山一程水一程，以爱为名，陪伴成长，且歌且行！

（辽宁师范大学附属第二中学　张娜）

热爱可抵岁月漫长

有人说:“教师的工作几十年如一日,是一个一眼能看到头的职业。”真的是这样吗?在我看来,这句话有那么一点道理,但又不完全如是。一支粉笔写了又写,黑板擦了又擦,好像很多事情不曾发生;但也正是这支粉笔,日复一日地书写,在黑板上留下了痕迹,也在一些人的生命中留下了深深浅浅的印记。我始终相信,热爱可抵岁月漫长。

我所教的两个班级差距很大,学生上课的反应不可相提并论。对于基础较弱的班级,我付出了更多的心血。上课时,尽量照顾不同学生的学习能力,放慢速度,并且力求有趣;午休时,我去抓他们基础单词的听写、书本课文的背诵以及课上错题的归纳整理……日复一日的勤抓不懈,我的努力终于带来了学生们的变化,我欣喜地看到了他们在课堂上渴望知识的眼神,还有他们勇敢而坚定举起的手和奋笔疾书记录知识点的样子。更令人欣慰的是,孩子们的英语成绩和学习兴趣也在这样的良性循环中逐渐提升。虽然我看似每天重复着单调又枯燥的工作,但正是这样的过程,让原本对于英语学习自卑的孩子开始变得自信,让原本胆小而不敢向老师提问的孩子变得更加勇敢,对我更加信任和喜欢。每次看到他们围在教室门口等待着向我提问的样子,我深深地感受到从事教师这份职业是值得的。

除了是一名英语老师,我还是一名班主任。在班级这个集体中,班主任就像一个大家长,时刻在潜移默化地影响着学生,感染着学生。在一开始接手班级时,我用了两周的时间去观察每个孩子的表现,有的孩子在老师面前谨小慎微,在同学面前却像个爆发的小宇宙,滔滔不绝;有的孩子总是在课堂和自习课上无所事事,看似学习态度不够端正，实则是没有掌握正确的学习方法；还有的孩子总是想搞出一些稀奇古怪的新鲜事，时刻想要吸引老师和同学们的关注。班里有这样的一个男孩，开学初他坐在教室的最后一排，我也并没有过多地关注到他。时间久了，我开始被他偷偷探头探脑盯着我的小眼神吸引，这种眼神看起来带着一丝不友好，我很疑惑，想弄明白这眼神中到底包含了哪些内容，于是我决定跟他聊一聊。起初，这个皮肤黝黑的男生的话语里总是带着些许试探，从来不会正面回答我的问题。我尝试耐心地引导他，希望得到他的信任。但是他的戒备心理似乎很强，一次谈话根本解决不了问题，但是我没有放弃，一次不行就两次，两次不行就多次……终于，他逐渐敞开心扉，我们之间也有了一个又一个的约定。慢慢地，我发现，这个男孩的眼睛中开始有星星般闪耀的光了。此后，我与不同性格的学生进行交谈，希望通过与他们的真诚交流走近他们，成为他们的伙伴。同时，我还选择那些自主学习能力强、有责任心的孩子成为班干部，使其发挥在班级中的带动和引领作用，让他们真正成为我的左膀右臂。在上课铃与下课铃的交替声中时光悄然而逝，成长的不仅是学生，其实更多的是作为老师的我，我深刻地体会到了作为一名老师的幸福与感动。

回想刚步入工作岗位时，我希望我的课堂既能生动有趣，又能让学生学有所获；希望妥善处理学生之间的矛盾不让他们之间心生隔阂；也希望高效地与家长沟通，让其理解学校各项规章制度背后的用意。在这个过程中，我也曾感到过无力，但辽附二中前辈们迎难而上的精神、对职业的敬畏、对学生的责任感和身为教师的使命感深深地打动着我，每当看到身边的老师们将家庭搁置一旁，全身心扑在教学工作上而不知疲倦，将青春年华扎根于三尺讲台而无怨无悔时，我心中身为人师的这份责任感便告诉我，既然已经选择，就不应轻易认输，既然已经选择，就应该坚持热爱。路漫漫其修远兮，我热爱我的学生，热爱我的职业，热爱我的学校。唯有热爱，可以抵挡岁月漫长。

（辽宁师范大学附属第二中学　王佳惠）

师者如光，微以致远

三尺讲台，三寸舌，三寸笔，三千桃李。人们常说，教师是太阳底下最光辉的职业，是人类灵魂的工程师。从成为一名教师的那天起，我便以满腔的热情投入到我的工作中，用爱心、耐心、真心承载着我的教育梦想。

热爱，源自心底的向往

先说说我是如何走上教育这条“不归路”的。高考后当我的朋友们都在犹豫选择哪一所大学、哪一个专业的时候，我并没有这样的困扰，毫不犹豫地在志愿表上填写师范院校师范专业，后来考研依旧保持着本硕专业一致。我为什么能如此笃定自己未来会成为一名老师呢？

家庭的影响。我家算不上真正意义上的书香门第，像电视剧中聚在一起对酒当歌、吟诗作对。但是奶奶、大伯、姑姑都曾是一名人民教师。所以我在很小的时候便常有机会出入校园，看着自己的亲人在三尺讲台上传道授业。那个时候懵懂的我觉得这真是一件很厉害的事情，也是从那个时候我对教师这个职业有了一种向往。

榜样的示范。我真的特别感激我学生时代的所有老师们，每一个人都在我的成长道路上留下了浓墨重彩的一笔。是他们对待教育工作的热情、认真、负责感染了我。我的初中班主任孙老师有严重的腰脱，学校领导强制她休息，但是她自己非要坚持到学期结束。每天扶着自己的腰给我们上课，有的时候讲课突然停下来，面露痛苦，我就知道她是疼得受不了了。由于身体的原因，她这一辈子都没机会成为母亲，但是她自己特别自豪又洒脱地说：“没什么好遗憾的，我的孩子比谁都多。”《学记》中写道:“敬其师,效其行。”正因为我对每一位老师的敬意,我便希望自己也能成为同样的人。

刚刚我称教育这条路为“不归路”,是因为到目前为止甚至未来很长一段时间,我都坚定自己一直都会是一名老师。这一点,我从来没有动摇过。

热爱,源自尊重和理解

教师这个行业在当今社会算是敏感职业,无论哪个地区的老师犯了错被曝光,都会一石激起千层浪,一次又一次地把我们教师推到了风口浪尖上,网上的讨论也是异常的激烈,有是非观念且比较理智的网友可能发表一些就事论事的观点。但是有的人以偏概全,一竿扫了一船人。我在网上看到了这样一则评价:“教师与家长的关系可能是继婆媳关系后的第二大千古难题了。”

我与家长们相处的原则就是“平等尊重”,不需要别人来抬高我们的地位,但是我们也要保持着不卑不亢的态度。我打心底里感谢我遇到过的所有家长,他们对班级的工作事事有着落,件件有回应,让我拥有了强大的后备军力量。工作的这几年,我也与不少家长成了好朋友。有的家长担心我平时忙没时间做饭,家里包了饺子会让孩子带给我一些;有的家长会给我分享她旅行的图片,让我感受充满人间烟火气的美好瞬间。除了关心我的饮食,他们也会关注我的心情,会插花的家长偶尔送给我几束她的作品,告诉我如果在批作业时被气到血压飙高,赶快抬头赏花,调节一下心情。

当然了,我们所遇到的不可能都是“神仙家长”,我也曾经被人误解、责怪。但是我不想浪费自己的时间和精力纠结于此,更不想拿别人的错误惩罚自己。所以,抛掉不开心的事,落得一身轻松。留下快乐的回忆,慢慢品味!

热爱,源自炙热的目光

当初知道我报考师范院校后,身边的很多朋友都不理解,说如果换作是她们肯定没办法同时面对这么多小孩子。其实我经常也会被我的孩子们叽叽喳喳吵得头疼,屡教不改气得胃疼,但是过后再看他们,我还是觉得很可爱。在听其他老师的课时,我仔细观察过老师们看学生的眼神,虽然不是自己班的学生,但是老师们的眼神里都满是慈祥的目光，我想这是一群发自内心喜欢孩子的人吧。

我也会有身心疲惫、热情消退的时候。但是当我想起娃们告诉我自己小金库的密码、无意间叫了我一声“妈妈”、写感谢信给我、与我分享成功的喜悦、午饭把自己舍不得吃的小糕点送给我的时候，我又觉得，这一切，值了！

一路付出，一路歌唱，一路欢笑，一路收获。未来，我将继续用爱心浇灌成长，用知识托举希望。行走在教育的路上，向美而行，步履不停！

（辽宁师范大学附属第二中学　黄一菲）

从心出发，收获幸福

五年前，还未完全摆脱学生气的我满怀一腔热情与希望踏上三尺讲台，开始了自己教书育人的职业生涯。回顾五年来走过的教育之路，和大多数老师一样，感到生活简单而又平凡。但在这平平淡淡中，我很庆幸自己选择了这样的一个职业，一个被尊敬、被信任、被成百上千名学生爱戴的职业，弥足珍贵。与此同时，这也并不是一件易事。

在我的想象中，音乐课应该是学生们非常喜欢的一门课程，而音乐老师也应该是百灵鸟一般，讲起话来轻声细语。在入职前，我曾立志成为这样的老师。但开学仅两周，我便更换了“志向”，因为在这两周的时间里，我发现我的学生们确实很喜欢上音乐课，但他们更喜欢的是上音乐课无拘无束的状态。怎么解决他们上课松散的问题成了我的困扰，但这个问题又迫切地需要解决。怎么办呢？中国有句老话叫“擒贼先擒王”。第三周上课时，我选了班级里面最淘气的一个学生担任了我的音乐课代表。之后，我经常提问课代表回答问题；同学不舒服，我也会让课代表把他送到医务室；课下，需要通知班级做好哪些课前准备也会安排给这名课代表传达。渐渐地，我发现他上我的课不跟其他同学聊天了，不知不觉中发生变化了，我特别特别地开心。趁热打铁，在学校组织的“十一三”活动中，他所在的班级要表演合唱，我再一次选择相信他，让他来担任指挥。从筹备开始，每一天我都会抽时间和他练习，可是突然有一天，他哭着来找我说他不想担任指挥了。我平静地问他原因。他说，班级有很多指挥基础好的同学，让他们来担任更合适。那天中午，我们聊了很久，从同学之间的相处到学习成绩，以及对班级建设的一些想法等。那一天让我永远不能忘记，那是我第一次和我的学生敞开心扉，同时庆幸我没有忽视学生的感受。这份职业让我有幸参与成长、陪伴成长，它所带来的幸福感无法言表，也让我下定决心要走进学生们的心中。

其实师生交流的途径有很多，除了语言，还有一个个不经意的动作或是眼神，都可以直达心灵。记得第一次走进一年级课堂的时候，看着左顾右盼、坐立不安的小朋友们，我感到无从下手。第一节课，用了将近一半的时间来维持纪律。下课后，我想，既然他们坐不住，那就让他们动起来。所以，在接下来的课程中，每节课我都会根据内容加入舞蹈或者声势律动，同学们特别开心，参与度很高。我想，原来"征服"这些小淘气也不是很难嘛。但有一个女孩很特别，虽然每次听课都非常认真，但她性格有些内向，从不主动举手表现自己。一个转机出现在《国旗国旗真美丽》一课上，我没给同学们设定动作，而让他们用喜欢的动作自由发挥。我看到她在座位上怯生生的，动作幅度也很小，我走到她的旁边，询问了她设计的动作，并鼓励她大胆做一遍。随后请她带领同学们一起做了她设计的动作，那一刻我看到了她眼里闪耀着自信的光。也是那一刻我认识到，老师的一个眼神、一句鼓励、一次认可，也许真的能改变一个学生！从那以后，音乐课上经常能看到她举手回答问题，性格开朗了许多。下课后我进行了反思，如果我没有关注到每个孩子的眼神，没有在他们迷茫、胆怯的时候给予一个肯定的目光，我永远也不能走进孩子们的心里！音乐，需要情感的共鸣；教育，势必要先走进学生们的心。

教育家陶行知说过："我们必须会变成小孩子，才配做小孩子的先生。"是啊，一个真正的教育者，总是葆有纯真的童心，并能够用学生的眼睛去观察，用学生的耳朵去倾听，用学生的兴趣去探寻，用学生的大脑去思考，用学生的感情去热爱……教育是多元化的，每一个学生都有他们独特的才能和潜力，读懂孩子，才是读懂教育，让我们都去尝试着读懂每个学生的故事，让每一个学生都能在他们的小小世界里找到自己的乐趣和价值，也让我们成为受人爱戴的好老师，成就我们的职业幸福！

（辽宁师范大学附属高新区实验学校　石慧）

教育中的“包容”与“接纳”

古人云:“泰山不让土壤,故能成其大;河海不择细流,故能就其深。”意思是说,泰山之所以有这样的高度,是因为它不拒绝任何渺小土壤的堆积;河海之所以有这样的深度,是因为它不拒绝任何细小溪流的汇入。用博大的胸襟填充渺小的自己,会让一个矮小者成为顶天立地的巨人。

作为教育者,要有包容心,要有容天下难容之事的气度,在教育中不要斤斤计较,要懂得微笑着“让步”,懂得换位思考,站在孩子的角度看问题,察学生之难,谅学生之过。作为教育者我们不应该把自己的思想观念强加于学生,更不能用统一的“模版”去塑造每一名学生。

在一个班级中每个孩子都来自不同的家庭,由于家庭教养方式不同、父母文化程度不同,孩子呈现出来的性格、禀赋就各不相同。教育不是机器,机器可以生产出一模一样的零件,但教育却教不出统一标准的学生。教育最终的目标是要培养出身心和谐、全面发展的人,让他们能适应这个社会并最终走向社会。在教育的过程中,我们要追求和而不同、求同存异的教育理念。要拒绝千人一面,而要千人千面,要让每个孩子都成为鲜明的自己!

一年级的小华,算是班里最调皮的小男孩了,他精力充沛、热情似火,不管你何时进到班级,他总在笑、总在跑、总在闹,对班级里任何事情都充满着好奇,以至于每次看到他我都会想起到凡·高的《向日葵》——绚烂、积极、阳光。但就这样一个看似活泼的男孩儿,上了不到一月的课后却变得特别的爱发脾气,有时甚至会掉眼泪。了解原因才知道小华对于古诗词学习有困难,每天早上的语文吟诵让他“头疼不已”，看着别的同学都有模有样地诵读，自己干着急就是背不会，我和班主任老师都没有批评他，也没有急于让他追赶其他同学，而是制订了专属于他的吟诵打卡表，让他按自己的节奏学习。在我们有条不紊地安排班级所有同学吟诵任务的同时，小华也在悄悄“发力”。有一天早上，我还是像往常一样进班协助班主任老师安排吟诵内容。在我巡视的过程中，发现小华举手示意我过去。我径直走到他身边弯着身子听他说，他把昨天学习的古诗全部背会了，兴奋地要背给我听。

听到这个，我有点吃惊。要知道，这个孩子在平时的吟诵中没有一次能过关，他主动要求吟诵更是难得。于是我赶紧让他吟诵，昨天新学的古诗他竟一字不错地都背出来了！我又惊又喜，用赞许的目光看着他，他扬起脸抿嘴笑了，脸上的小雀斑又“熠熠生辉”地跳跃在他的小脸上。我看到了他发自内心的满足和自豪。这件事对我触动很大，我忽然明白每个孩子都有他自己的成长节奏，陶行知先生曾说过：“真教育是心心相印的活动，唯独从心发出来的，才能达到心的深处。”

学校既是教授学生知识的地方，也是学生学习知识的地方，更是学生快乐成长的地方。为了让班级的孩子有一个快乐难忘的童年，我们放弃了传统的古诗吟诵方式。我和班主任老师共同研究探讨，把古诗与历史、绘画、人文地理相结合，让孩子们更直观、更深刻地去感受、了解古诗的意境和韵味，真正做到减负不减学，把我国优秀的传统文化根植于孩子的内心，并从心里提升孩子的民族自豪感。

学校不是学生的枷锁，作为教师，每个孩子都是不同的个体，不能用一样的尺子去衡量每一个学生。不能用统一的“标准”去定义他们、去教授他们，而是要蹲下身、静下心去了解每个孩子的特点。不仅要和他们面对面，而且要和他们肩并肩一起找答案，一起去“勇闯”未来。要想让学校、班级成为他们的“心灵家园”，教师必须包容与接纳，用一颗宽容的心去接纳每一个学生，不仅要接纳他们的优点，同时也要包容他们的缺点。只有当孩子感到他的一切缺点与不完美都被老师接纳了，他才会觉得安全、放松，他才会有自我完善的勇气和力量。

（辽宁师范大学附属第二中学　宋智霞）

挚语蕴真心

毕业以后的时间过得很快，转眼便来到教师岗位半年光景，这份曾经似乎带有距离感的工作现已变得愈加亲切。此刻回看，在我走过的短短人生中，我从未觉得有哪一段时光如眼下这般充盈、踏实，且温暖满溢。

工作总是充满挑战的，记得开始最让我苦恼的是记住学生的名字。虽然低年级每周只有两节英语课，但我依然想在珍贵的见面机会中用心关注到每个学生，我想交换名字是心与心结交最基本的诚意。5 个班级 200 多个名字同时涌入大脑，有重名的，相似的更比比皆是，我一边感叹着不同汉字神奇的排列组合，一边“头疼”地强迫自己尽快完成“人脸匹配”。奈何面孔众多，课时有限，教学进度不能耽搁，课上有限的提问契机实难满足我急切的沟通心愿。

记起入职初川姐向我们分享自己的工作感受，她开玩笑地说：“教学就像一场恋爱，有时是单恋，纵你虐我千百遍，我仍待你如初恋。”言语虽幽默，道理却不假，于是我开始想方设法地制造和学生们的“偶遇”，抽离小小课堂，也抛开课本，逮住机会便和他们唠嗑。

某班有一对台湾籍的双胞胎兄弟，很是腼腆，他俩的名字相差一字，我时常分不清。那天下课我找到他们聊天，这才注意到哥哥的头发稍长一点，声音也更大些，恰好他名中是“竑”，我便打趣地说：“声音更加洪亮，原来如此，这下我知道了！”没想到弟弟比我想象中活泼，他听了抿嘴一笑：“那我要是故意大声说话呢？”哥哥脑子转得更快：“那我就永远比你声音再大一点。”后来，我能从他们的表情中感受到，他们在我的课堂上放松了许多。

有个新转学过来的女孩，个头小小的，"假小子"发型，个性却软绵绵的，注意力容易分散，被暂时安排坐在讲台旁。我心生关爱，上课时常常用眼神"关照"她，也会主动提问，鼓励她大声发言。因为离得近，发现她溜号我会及时轻点她的桌面，或是帮她翻开书。下了课我又会语气温柔地和她说话，通常是我问她答，原来学校里还有个大她两岁的哥哥，经常是妈妈来接送，因为爸爸下班晚……渐渐地，她也开始主动和我分享。那天她说了一句让我欣喜不已的话，她用盛满纯真的眼睛笑着看我："老师，我真喜欢和你待在一起。"

想要认识学生的初衷早已达成，事实上，我们已加深了感情。他们会在下课后来到讲台前继续分享课上未尽的话题，兴高采烈地透露活动上的表演搭档和节目，向我展示周末从游乐园带回来的毛绒挂件，赠送他们充满想象力的手工作品，一个喜欢踢球的小男孩还会偷偷和我分享他手写的"小说"草稿……我视若珍宝，心中幸福洋溢。

"用生命影响生命。"黄校长饱含真情的话语犹在耳畔，几个简单的字眼，我初次听闻却只觉心灵大受触动。当一个老师履行教书育人的职责，且发自内心地关爱学生，其实质可不就是以自己的生命影响，甚至改变更多条鲜活的生命！以真心换真心，终以生命影响生命。我现已将这七字内化于心，并努力在今后的工作中做到外化于行，让自己单薄的生命也能焕发出强劲有力的色彩！

（辽宁师范大学附属第二中学　裴思邈）

给学生一个美好的“第二原生家庭”

老师，特别是班主任老师，和学生相处交往，我总觉得与亲子关系很像。学校并非“原生家庭”，但与学生朝夕相处的班主任老师对学生不可忽视的影响，俨然使学校成为学生们实质上的“第二原生家庭”。

对于前一段时间热度很高的“原生家庭”的话题，就理论层面来讲其实我是不甚了解的，只是在热门电影作品中常常能瞥见对于原生家庭种种影响的思考。如《封神第一部：朝歌风云》中，纣王殷寿之所以借狐妖之力弑父杀兄篡得王位，除了其弥天的野心外，与其庶子的身份和自小不受宠爱的成长经历也大有关系，从始至终都没有从父亲那里得到应有的爱，导致殷寿心中的怨尤不断积累，终起杀心。

“审视原生家庭问题”立意更加显豁的是电影《涉过愤怒的海》，离异家庭，父亲带娃，在最需要父爱母爱的年纪，母亲缺位，父亲忙于出海赚钱，幼年女主经常很长时间一个人被扔在家里，无助地躲在柜子里的经历最终也成为她人生终结的预演，缺爱的孩子的人生走向令人唏嘘。

“原生家庭”是一个含义颇丰的名词，所以在这里，我只想谈谈我对它的理解和思考。《论语·阳货》中有言“性相近也，习相远也”，意思是“人先天具有的纯真本性，互相之间是接近的，而后天习染积久养成的习性，却互相之间差异甚大”。孔子的这句话强调的正是成长环境对于人的深刻影响。其实成长环境的影响，主要就是人的影响，这种影响呈现出的结果短时间内虽不显著，但如果假以时日，就会深深融入被影响者的性情、品格中去。而对于中国人来说，这种深刻影响我们的成长环境，除了家庭，就是学校了，师生之间由于亲近关系而形成的深刻的相互影响，其作用不容小觑。

其实，会有这样的思考，也是因为我个人本身就是一个深受原生家庭影响的个体，我深知家庭环境潜移默化的作用对于一个人的影响有多大，如今从事了教育工作，我更有了把学校当作“第二原生家庭”的思考和实践。

担任班主任工作的一个学期里，难免会有被学生的淘气、不听话惹怒的时刻，作为一个刚刚参加工作的年轻教师，在控制自己的情绪和释放自己的怒气之间，我很难选择前者，虽然大多数情况下我会让自己保持心平气和，但总还是有气不过的时候。一次有个学生犯错，被我惩罚间操不准出教室，结果他趁我不注意，想要偷溜出去，许是当时我正在气头上，他却“顶风作案”，而且那不知是他第几次挑战我的底线了，于情于理，我都没办法让自己平静处之。我登时怒发冲冠、怒火中烧、怒不可遏，大吼着让他站住，见我雷霆震怒，他也不敢跑了，我冲过去把他拽回了座位，但仍然怒气难消，一边把他摁在椅子上，一边嘴里喊着：“我今天就不让你出去了，能不能听懂话？”后来回想，我们两个恐怕都有错，他在全班学生面前罔顾老师的威严和尊严，大有把它们肆意蹂躏之嫌；而我也实在没有控制好自己的情绪，冲动之下也说了不适之语。事后，待我冷静下来时，我把这名学生叫出教室，语重心长地把个中原委跟他说明白，既表达了我对自己言行不妥之处的反思和歉意，也让他知道，尊重是相互的，你怎样对待别人，就无怪乎别人怎样对你。而令我更加担心的是，我向他抒发的怒气，会不会让这个孩子也在人生的某一时刻，成为那个对他人暴怒的角色。

试问，哪个班级没有几个淘气、爱惹人生气的学生呢？一个学期下来，这样“气不可遏”的情景难免发生过几次，生过气，发过火之后，少不了对学生进行安抚、教育，这是必要的。但再次回顾，我又产生了像前面那样的进一步的反思：这样的过程是不是有一些“亡羊补牢”？虽犹未晚，终有所失，所失在于，无论起因为何，大发雷霆这种处理学生犯错的方式，实际上都难脱“以暴易暴”的罪责，虽然一定程度上能够解决当下的问题，但长远来看，对直接承受怒火的学生会产生不可忽视的心理创伤和精神印记，而在场的其他学生也都会受到波及，正如我们前面所说的，当一个人常常浸染在充满某些不良因素的环境中时，无论是在家庭还是在校园，他的心理都将会受到潜移默化的影响，他的性情、品格会不断地在与环境的接触和互动中发生微妙终至显著的改变，这样的改变会伴随终生。大人们的每一次愤怒，都将熔铸成那颗“年少时打出的子弹”，虽然可能并不会正中自己的眉心，但也终将在那些孩子手中“上了膛”。

当然，不只是愤怒，在成长过程中耳濡目染、潜移默化的一切，都将像“养料”一般，被“树苗”们吸收，融进他们的身与心——不以人的意志为转移。如果一个人自私、暴戾、虚伪、邪恶，那么极大的可能是因为他在成长历程中长期接受着这样的“教育”；倘若所遇之人皆奉献、温和、真诚、良善，那么成长在这样的环境中的孩子一定也会有一个美好的品格。

有了这样的思考，当然也要去践行，为学生创造一个美好的“第二原生家庭”成为我的愿景，我时刻要求自己以身作则，行端坐正、与人为善、恪守公平、坚持正义、心怀仁爱，用对品格的尽善尽美之追求，为学生树立榜样，衷心地希望他们都能成为至善之人。当然，这绝非易事，但我相信，道阻且长，行则将至。

与家庭教育协力，甚至弥补家庭教育的缺陷不足，是我们教育工作者的职责，教育的力量又是如此之大，身为教育工作者的我们不可不诚惶诚恐、毕恭毕敬，担负起这个身份赋予我们的“教书育人”的重大使命。与传授知识相比，在一朝一夕中，用一言一行去塑造、培养学生健全、完善的人格，更加任重而道远。所谓“真水无香”“上善若水”，老师的爱和教育就像水一样，无色无香，润物无声，却源远流长，蕴含着教育真意。希望我们都能做“水”，做“真水”，用爱与善浸润学生，将爱与善教给学生，以爱与善成就学生！

（辽宁师范大学附属第二中学　吴卜权）

教育若水，润物无声

水，是中国文化中一个意蕴非常丰富的意象。她可以是“海纳百川，有容乃大”中无限包容的海洋；可以是“人往高处走，水往低处流”的至谦至美；可以是“水利万物”中滋养万物的生命源泉……真正的水有着这些值得称赞的美德，在无声无息中浸润着我们每个人的生命与修养。

在我看来，教育就像水，有着水所拥有的全部美德。“真水无香”，真正的水是没有香气的。教育也正是如此。真正好的教育是以涓涓细流安静地滋养着每一颗渴望甘露、等待萌发的小小种子。不矫揉，只是以包容的姿态拥抱每一丝希望。2023年的秋天，我成为一名教师，在众多前辈与同事的教导下，在她们每一个人的故事中，在我与同学们朝夕相处的工作生活中，“真水无香”这种念头在我心中也越发坚定，这也是我努力的目标与方向——成为一名“润物细无声”的教育工作者。

而初为人师的我，在很长的一段时间里，都为学生不良的学习习惯与行为习惯感到万分头疼。因为我教的学生都处于低学段，相当一部分学生的学习习惯没有养成，天性爱玩；再加上我本身是一名新岗教师，教学经验不足，因此缺乏与低学段学生交流相处的策略。我也尝试了许多种不同的方法，但作用都不大，这让我束手无策。正在我陷入困境的时候，一位前辈教师看出了我的窘迫，她告诉我：“作为一名教师，以身作则是最重要的，最能让学生信服。如果你想让学生养成好的习惯，自己就要以身示范，给学生树立榜样，无声无息地改正他们的坏习惯，扭转他们的观念。”

起初我还半信半疑，直到我进入前辈的班级，我才切身地感受到她的教育智慧。班级窗明几净，桌椅排列整齐，班级整体纪律良好，气氛活跃。作为班主任，她认真负责、平易近人，该严肃时严肃，该温和时温和。更重要的是，她也的确做到了她所说的，为学生树立榜样。一个待人接物彬彬有礼、言出必行的班主任老师，她的学生们也逐渐变得有礼貌，信守承诺起来。

前辈的班级里有一个比较让人头疼的学生，平时在遇到老师和长辈的时候从不主动问好，个人的卫生习惯也比较差，座位上、桌椅下每天都布满纸屑，老师们指出他的问题他也满不在乎，从不改正。针对他的情况，前辈作为他的班主任并没有频繁批评他，而是用实际行动去感染他。在托管前的一段空余时间里，前辈会和他两个人把班级的卫生做好；每天上学、放学的时候，前辈也会主动和他问好、打招呼。就这样进行了一个多月，这名学生改变了很多。他每天都会把自己座位上的垃圾清理干净，把桌椅摆整齐。他平时遇到老师和同学也会主动打招呼了。同学们对他的评价也越来越好，说他乐于助人。

更巧的是，几个月之后，我正巧碰到前辈与这名学生的家长交谈。家长说最近孩子的表现让她非常惊喜，不仅懂礼貌，尊重父母老师，还会主动地把自己的房间打扫干净，物品摆放整齐，她由衷地向老师表达感谢。前辈只是微微一笑。这让我的敬佩达到了顶峰，也让我真正理解了“润物无声”的含义。

“水善利万物而不争”。真正的水是没有香气的，加在茶叶、蜂蜜、咖啡粉中只会让每样东西的美味发挥自己的最大价值而不喧宾夺主。教育也正是如此，降下温柔的甘霖，无声地润泽每一颗闪闪发光的心，让其闪耀出最璀璨的光芒。

（辽宁师范大学附属第二中学　陈俊彤）

教育是一场双向奔赴的旅行

“教育的本质是一棵树摇动另一棵树，一朵云推动另一朵云，一个灵魂唤醒另一个灵魂。”当我真正成为一名教师后，才深刻理解了这句话的含义。在且行且思、且悟且进的五年里，在“双减”政策的推动下，我对做一个什么样的教师有了自己的感悟。

首先，要做一个有温暖力的老师。教育的旅程是师生共同奔赴的一场温暖旅程，我们要在旅途上，给予孩子们温暖，让每一个学生都感受到关爱。

班上有个小男孩，刚转过来的时候内心比较敏感、脆弱，对待新同学、新老师总是带有戒备心，喜欢采用偏激的方式表现自己。有一次他在班级大发脾气，根本无法控制自己的情绪。最开始我也很头疼这个问题，但几次“交锋”之后，我发现他只是比较在意别人的眼光，而且不善于表达自己。想跟同学交朋友，但不懂得如何融入、怎样与他人相处。在找到问题根源之后，我时常找他聊天，帮他分析问题，引导他往好的方向想事情，久而久之，他有了很大的改变。他不再与父母抱怨学校生活无趣，而是愿意每天早早到校，做自己力所能及的打扫，默默为同学服务。他也不再畏惧老师，下课喜欢凑到我身边，看看有没有能帮到我的小事。感受到他发自内心的喜欢，我真的很欣慰。

给学生们安静的目光和长远的期待，做一个温暖的老师，让学生们永远洋溢着自信和阳光，那就是有温度的教育。做这样的老师，既温暖了学生，也快乐了我们自己。

其次，要做一个有坚持力的老师。有这样一句话，“我陪你一程，你念我一生。”

教育不是一时热情，更非心血来潮。教育，考验的是一个老师的初心、一个老师的耐心，更考验着一个老师的恒心。

我在成为老师之前也曾年轻气盛地想过，老师的工作每天都是上课教书，这样一眼望到头的日子也太无趣了吧。但如今工作已经第五年，每天面对同样的学生，却发现每天都过得不一样，你永远不知道学生下一秒又能给你带来什么样的惊喜或是惊吓，每一天都充满了未知。

我将学生从三年级带到六年级，四年时间，朝夕相处似乎并没有什么变化。但是翻看班级相册，才惊觉他们已经有了这么大的变化。学生们从拘谨陌生到亲昵熟悉，从调皮捣蛋到团结守纪，他们的每一天都在成长，而我也在成长。课堂上，我与学生配合愈发默契，所谓教学相长，我亦在教学中收获满满。班级管理中，我和学生共同制订规矩，然后放手地交给学生，相信学生的力量，做个“懒”班主任，收获了一批“乖乖仔”。

冰心说：“爱在左，同情在右，走在生命的两旁，随时播种，随时开花。”当我用爱播种，收获的也是爱的芬芳。严厉批评后，是他们的反思与改变；心情低落时，课桌上投来安慰的小纸条；工作忙乱时，总有得力助手主动前来鼎力相助。

因为每一天都有不同的故事在上演，每一天都有爱与成长，所以每一天都充满期待，也正是这些期待，让我有信心在教育这条路上一直走下去！

今后，我会依然带着温暖力、坚持力，和学生们一起，去发现生命旅程中独有的旖旎，去创造师生双向幸福的能力。

（辽宁师范大学附属第二中学　聂丽洁）

你的学生远比你想象中的要爱你

如果你问我为什么想成为一名教师，以前我的回答会很含糊。不过现在，我心中的答案终于渐渐明晰。2023 年冬天大雪后的体育课上，看着孩子们在漫天雪地里玩得那么开心和投入，我想起自己儿时经常在雪地里玩的多人拉着一人在雪地上滑行的游戏。或许是想重现当年的情景，我组织孩子们进行了这项让我至今记忆犹新的游戏。如我所料，孩子们玩得不亦乐乎，我看着他们，仿佛是在看着十几年前的自己。当我的思绪还沉浸在童年的时光中时，有几个孩子突然跑过来跟我说：“老师，我们想拉着你跑！”这几名学生中有体委，有平时听话乖巧、经常被我表扬的孩子，也有让我经常忍不住批评的孩子，这让我很意外，也很期待。孩子们拉着我滑行了一次又一次后，总想再来一次，他们仿佛永远不会累，还争着抢着要拉我。我知道，其实他们想拉着跑的人并不是单纯意义上的“我”，而是“他们的老师”，此时此刻我正以老师的身份享受着他们给予的无差别的爱。我在困扰，曾经那么让人苦恼的学生，如今怎会变得如此可爱？我在矛盾，我是否配得上学生给予我的爱？我在反思，除了教授他们知识与技能，我还能给予他们其他更多的东西吗？我逐渐肯定，老师的职业幸福感就是来源于学生！我开始明白，学生值得我付出我全部的爱，值得我为他们散发出身上所有的光芒！

魏书生说：“心灵的大门不容叩开，可一旦叩开了，走入学生心灵世界去，就会发现那是一个广阔而迷人的新天地。”我不禁想问：打开学生心灵之门的钥匙，究竟是什么呢？我想，如果这个钥匙只有一把，那么一定是老师的爱吧，老师的爱，正如滋养生命的水一样，视之无色、嗅之无香，却源远流长，蕴含着教育真意。但一名老师到底能释放出多少自己的爱与光芒呢？这些爱与光芒是否足够用来呵护、激励、感染、教化学生呢？怎样才能让这些纯洁无瑕的花儿幸福地开放，尽情装点他们五彩斑斓的世界呢？我们没有办法知道这些问题的标准答案，更没有办法去精确衡量老师对学生的爱有多少。如果非要想出一个能够让所有老师和学生都满意的答案，我想，这个答案就是学生给老师的反馈——也就是学生对老师的爱有多少。

冰心说过："有了爱，便有了一切；有了爱，才有教育的先机。"以前看到这句话时，我只觉得这里的爱单纯指的是教师对学生的爱，但当了老师之后我才慢慢发现，我同样期待来自学生的爱，就如同学生渴望老师的爱那样，学生的爱是我作为老师最根本的动力和内心最深处的渴望与需求。真正的教育正是从爱之中诞生的。

时光荏苒，我们师生的故事还在续写，我愿做点灯人，迈着孜孜求索的脚步，让我脚下的路在光明普照下不断向前延伸。在这趟旅途中，我十分期待得到孩子们源源不断、始终如一的爱，我想这是我教育生涯中最真挚的情感需求，也将成为我人生中最美好的风景！

（辽宁师范大学附属第二中学　王雅如）

无悔坚守，踏实从教

儿时的我对于教师这个职业并未怀有太多的热情和向往。那时的我心中怀揣着诸多梦想与憧憬：曾希望成为一名战士，征战沙场，肩负保家卫国的神圣使命；也曾梦想成为一名运动员，驰骋赛场，尽享速度与激情的碰撞；更曾幻想成为一名外交家，纵横捭阖，谈笑间尽显中国风采。然而，随着时间的流逝，命运的齿轮也在悄然转动，我与教师这个职业的宿缘似乎早已命中注定。出于对体育的热爱，读大学时，我选择了进入师范类体育教育专业进行深造。自此，开始了我与教师的不解之缘。

初为人师　在青春历练中享受教书育人的乐趣

青春因磨砺而出彩，人生因奋斗而升华。2003 年大学毕业，我积极响应国家号召，参加了共青团中央第一届大学生志愿服务西部计划，来到了青海省海西蒙古族藏族自治州德令哈市。初出茅庐的我带着看看祖国大好河山的想法踏上了西部支教之路，虽然同儿时的梦想有了一丝偏差，但也正是这份偏差让我踏上了人生的正确道路，那就是教书育人。

回忆一年多的支教生活，我不仅要适应海拔 3000 多米的高原环境，耐受生活条件的艰苦，还要克服缺少师资、教学条件差等工作困难。但正是这些磨砺，让我明白一个道理——越是艰苦的环境越让人坚强，只要保持乐观积极的心态，其实一切都可以过去的，一切都不可怕！也许正是这种敢于面对困难的勇气和肯于吃苦的决心，让我在结束志愿服务时被授予"'西部计划'杰出志愿者"荣誉称号。但更重要的是，这一年多的志愿服务，让我在思想上、生活上、工作上得到了历练，让我的青春有所不同，也让我对教师这个神圣的职业有了更深刻的认识，还让我知道了教师的责任感，那就是用自己的所学、所爱，去尽自己所能给予学生们希望，帮助学生们改变他们的命运。

“枫”华正茂　在教育实践中提升教书育人的本领

志愿服务结束，我应聘到了一所私立学校——大连枫叶国际学校，来到了美丽的海滨城市大连。与之前在青海做志愿者相比，从地域上、生活条件上、学校性质上，到学生群体上，都有着极大的不同，甚至是天壤之别。面对这些变化，我时刻提醒自己，要尽快适应新环境，不断加强学习，提升教育教学水平。

这段时间的工作使我的教育技能变得扎实的同时，还让我知道了教学的多元化和复杂性，为此我开始尝试和同事们一起探讨教育教学的方法和理念。也正是这一段时间磨炼了我的耐心，涵养了我的性情，让我学会了要接受新鲜事物和适应不同学校的变化，我逐步成长、提升，形成了求真务实的工作作风。在枫叶国际学校工作的七年，我见证了无数学生的成长与蜕变，带领两届毕业生走向更广阔的天地。如今，我的这些学生已经遍布世界各地，他们用自己的努力和成就诠释着我作为教师的欣慰，那就是“桃李不言，下自成蹊”，我为这段教学历程感到骄傲，也为这段历程对自己的提升而感到庆幸。

逐梦长中　在奋斗付出中体验教书育人的幸福

无心插柳，2011 年，通过事业单位招聘考试，我来到了长兴岛初级中学，成为体制内的正式在编教师，开始了又一段教书育人的新征程。

基于这所学校是一所体育传统校的特点，再结合我自己的体育专长，我将自己对体育的热爱和热情全部投入到学校的工作中来。通过几年的努力，我先是率领学校的田径队在大连市中学生田径运动会上夺得学校建校以来的第一个全大连市的团体总分第一名，将冠军奖杯捧回学校。后来随着体育组教师队伍的不断壮大，我带领着青年体育老师先后组建了校篮球队、排球队、女子足球队、健美操队。其中，学校的女子足球队获得辽宁省校园足球联赛总决赛冠军并蝉联大连市“市长杯”五连冠；男子排球队荣获辽宁省中学生排球锦标赛亚军；篮球队和健美操队也都在市级比赛中取得佳绩。与此同时，各个训练队的队员也都通过体育特长生考试顺利进入高中，更有很多同学考入大连市内的重点高中。抓体育特长队伍的同时，学校的大课间操、体育节、“校长杯”足球赛、篮球赛等各项体育活动也都开展得有声有色，这些活动既丰富了学生们的课余文化生活，又得到了广大师生的认可。八年的坚守和艰辛，使我的辛勤付出得到了回报，我先后被评为大连市骨干教师、优秀指导教师、区优秀共产党员、十佳特色教师……这些荣誉不仅是对我工作的肯定，更是对我付出的认可，这让我深深感受到了教师职业的幸福感，也更让我对继续做好教师这份工作有了更大的动力和积极性。

扎根实验　在实干笃行中坚定教书育人的信念

机会总是留给有准备的人。也许正是因为我之前的努力和付出，才让我有机会在 2019 年顺利通过选调来到了高新区，来到了既有着百年文化历史底蕴，又有着合作办学引领下争新向荣、充满活力的辽宁师范大学附属高新区实验学校。与之前几次工作的变动有所不同，我的角色有了新的变化，学校对我的要求也就更高，我肩负的责任也就更大，这也让我对教师这个职业又有了新的认识。

作为体育组长，我认真组织教研活动，积极探索教学方法，提升团队专业水平，同时更要传承和发展好学校的棒球体育特色。我通过规范校本课、培训棒球运动礼仪、宣传棒球文化、办好一年一届的“校长杯”棒球赛等方式，不断建设以棒球为引领的校园体育文化，让棒球运动的精神逐渐内化于每名师生的心中；还充分利用学校承办和参加各级各类棒球赛事的机会，大力宣传学校的棒球特色，增强学校的影响力和知名度，学校现已成为中国棒球协会会员单位、高新区青少年棒球训练基地，棒球这项运动也已成为辽附实验学校一张靓丽的名片。作为学校德育主任，我事无巨细、面面俱到，致力于家校合作，助力校领导解决学校管理难题，帮助班主任解决班级问题，强化学生思想政治教育，帮助学生养成良好的行为习惯，树立良好校风、学风。作为党务专干，我积极配合书记做好学校的党务工作，确保学校党务工作规范有序。在后勤工作方面，加强安全隐患排查，进行电脑和多媒体设备的维护，为学校教育教学工作保驾护航是我义不容辞的责任。作为师徒结对中的师傅，我充分发挥传帮带的作用，帮助他们走好初为人师的第一步，我也通过自己的言传身教，成为徒弟口中的“没有完成不了的任务”的师傅。

凡走过，必留下痕迹。我自己所经历的这一段段关于教师这份职业的心路历程，虽然是琐碎、平凡的，但却逐渐让我的内心变得踏实，让我对教师职业的认知日渐清晰，职业倾向日渐坚定。成功源于坚持，幸福源于奉献，与其说无愧于教师这个职业，不如说教师这个职业成就了现在的我。我会继续努力，在教师的道路上不忘初心，砥砺前行，书写灿烂的教育人生。

（辽宁师范大学附属高新区实验学校　徐斯丹）

附录 1

集雅教育

——辽宁师范大学附属第二中学简介

辽宁师范大学附属第二中学创立于 1982 年，于 1983 年开始招生，最初称为"辽师子弟班"，先后更名为"辽宁师范大学子弟中学""辽宁师范大学第二附属中学"。在辽宁师范大学和高新区合作办学的引领下，2020 年 9 月，学校迁至大连市高新技术产业园区，更名为"辽宁师范大学附属第二中学"，并改制为一所拥有系统的教学体系、完整的学科结构和一流师资队伍的九年一贯制学校，填补了辽师大完整教育产业链的缺口，担起了高新区的基础教育重任。学校占地面积 2.15 万平方米，总建筑面积 4.573 万平方米。

学校秉承"办人民满意的优质教育"的办学理念，以"智、节、勇、恕"为四大柱石，形成"集雅教育"的办学特色。学校积极推进"三大球"和甲骨文教学特色建设，先后成为辽宁师范大学国家语言文字推广基地、大连市甲骨文特色教育基地、辽宁省首批中小学校党建工作示范校、大连市大中小学思政课一体化建设联盟学校及实践基地校、高新区青少年篮球训练基地、大连人俱乐部足球基地学校。

"办学生喜欢、家长满意、社会认可的学校，让每名学生都能得到最大限度的发展，为学生一生的成长打好坚实的基础，为国家培育一流人才"是学校长久以来努力坚持的责任与使命。学校在新征程上努力开拓高质量发展新局面，坚定迈向一流学校前列。学校重视教师队伍建设，为教师不断更新教育理念、开展教育科研、改革教学方式、提高教育教学能力创造条件；积极鼓励教师承担各级各类科研课题，撰写教学研究文章。学校教师群体优秀，个人特长突出。

惟其艰巨，所以伟大；惟其艰巨，更显荣光。站在教育改革的关键节点上，学校紧跟时代发展的步伐，创设精致校园与和谐人文环境，努力打造管理科学化、设施现代化、教师专业化、课程多元化、学生个性化的优质教育品牌。

附录 2

根性教育

——辽宁师范大学附属高新区实验学校简介

辽宁师范大学附属高新区实验学校始建于1912年，前身分别是"黄泥川普通学堂""龙塘区黄泥川第一完全小学""旅顺市第六区第一完全小学""黄泥川小学""高新区实验学校"。2016年与辽宁师范大学合作办学，更名为"辽宁师范大学附属高新区实验学校"。学校既有老校深厚的文化底蕴，又有辽宁师范大学和高新区合作办学指引下的新型办学理念。学校秉承"为学生的终身发展与幸福生活奠基"的办学宗旨，以"立一等品格、求一等学识、做个性化教育、创多元化发展"为办学目标，形成"根性教育"特色。学校通过"党建固根、德育扎根、师资养根、教学立根、课程育根、科研生根、文化润根、安全护根"八大根系工程的教育体系，全面推进教育教学工作，"根入深处，立于高远"。

学校占地面积22400平方米，建筑面积20160平方米，设置45个教学班，可容纳学生2100人，是一所按照省一级学校标准打造的管理科学化、设施现代化、教师专业化、学生综合化的新型九年一贯制学校。

学校是教育部中华优秀传统文化传承基地，全国五好小公民示范校、辽宁省家长学校示范校、辽宁省近视防控示范校、大连市德育先进学校、大连市健康校园、大连市平安校园、大连市体育特色学校、大连市义工服务站、大连市心理健康基地校及特色校，高新区关心下一代先进集体及雷锋校园。师者志兮教育事，但有进兮不有止。教育的路上，我们行之有恒，永不停步，砥砺前行！

后 记

几年前我曾动念向老父亲求一幅书法作品挂于办公室中。

父亲问:“写什么?”

我说:“您看着写。”

隔几天老父亲就发来了快递,打开一看——“真水无香”。瞬间就感受到了父亲字里蕴含的深意。

适逢学校欲编写一本集子,看起来是一个个平凡又细碎的时光故事,但更是用责任、坚持、爱心、恒心编织起来的“爱之网罗”。打捞的是每一个普通温暖的日常,收获的是数不清的平凡伟大。我想,若是将此四字冠于这本可爱同事的奋斗思想集之首页,应该是最恰当的!

真水无香,据说出自明代张源《茶录·品泉》:“茶者水之神,水者茶之体。非真水莫显其神,非精茶曷窥其体……流动者愈于安静,负阴者胜于向阳。真源无味,真水无香。”真水无香亦无他味,因为其价值不在“彰显”,而在“成就”。

于茶事,沁碧茗成甘洌;于万物,润根脉而生发。

教师于教育之中即如这水,助力成长,言传不怠,培魂育心,理魄抒情。

真水无香,是教师的工作性质,真水即“滋养生命的水,视之无色,嗅之无香”,润物无声,泽流及远;

真水无香,是教师追求的境界,纯净清澈、纯真平淡、纯粹自然;

真水无香,是教师内在的品质,沉浸其中,不受功名利禄干扰,面对事态纷杂,却始终一片赤诚;

真水无香,上善若水,更体现了教师牺牲小我,无私奉献的大爱之美。

辽宁师范大学附属第二中学和实验学校就有这样一支近于“真水”的教师队伍。这部集子就是关于他们从晨光熹微到夜凉如霜的“习以为常”。真水无香，质朴从容，感谢老师们守望使命，默默地用智慧与温度让成长与奇迹发生……

黄冰凌

2024年3月